Dalai Lama XIV.

rororo

rowohlts monographien
begründet von
Kurt Kusenberg
herausgegeben von
Uwe Naumann

Dalai Lama XIV.

Dargestellt von Sabine Wienand

Rowohlt Taschenbuch Verlag

Umschlagvorderseite: Der Dalai Lama im Gespräch mit Journalisten in Ann Arbor, Michigan, am 18. April 2008
Umschlagrückseite: Der fünfte Dalai Lama, Lobsang Gyatso. Wandmalerei im Potala-Palast, 17. Jahrhundert
Der Dalai Lama hält im Freilichtmuseum «Hessenpark» bei Neu-Anspach eine Ansprache vor mehreren zehntausend Menschen, 22. September 2007

Seite 3: Der Dalai Lama beim Meditieren in seinem Wohnhaus im indischen Dharamsala, 18. Mai 2003

Überarbeitete Neuausgabe des rororo sachbuchs Sabine Löhr: Dalai Lama XIV. Sein Leben, sein Wirken, seine Botschaft

Veröffentlicht im Rowohlt Taschenbuch Verlag, Reinbek bei Hamburg, März 2009

Umschlaggestaltung any.way, Hannah Krause, nach einem Entwurf von Ivar Bläsi
Lektorat Wolfgang Müller
Redaktionsassistenz Katrin Finkemeier
Reihentypographie Daniel Sauthoff
Layout Ingrid König
Satz Proforma *und* Foundry Sans *PostScript, InDesign 5.0.3*
Gesamtherstellung CPI – Clausen & Bosse, Leck
Printed in Germany
ISBN 978 3 499 50673 4

INHALT

TIBET

INDIEN

Der Potala. Seit der Zeit des fünften bis zur Flucht des vierzehnten Dalai Lamas im Jahr 1959 Sitz der Dalai Lamas.

Tibet
Ein Dalai Lama stirbt

«Ich bin nun recht alt geworden und will von der Verantwortung, geistlicher und weltlicher Führer des Landes zu sein, zurücktreten. Gerne würde ich das, was mir an Zeit übrig bleibt, der Meditation widmen und dem Nachdenken über mein nächstes Leben. Aber dieser Luxus scheint mir nicht gestattet zu werden.» [1] Thubten Gyatso (1876–1933), der dreizehnte Dalai Lama, war keineswegs «recht alt», gerade einmal 56 Jahre, als er dies äußerte. Mit ihm wurde Tibet zum ersten Mal seit beinahe einem Jahrhundert von einem Dalai Lama regiert, «der weder ein Kleinkind noch eine Marionette» [2] war, wie der britische Vizekönig in Indien, Lord Curzon, mit Hochachtung bemerkte. Hier war ein Mann, ein Mönch, ein Herrscher, willensstark und schweigsam, dessen persönliche Autorität allein mit der des fünften Dalai Lamas vergleichbar ist. Doch die turbulenten Jahre seiner Regierungszeit hatten Spuren hinterlassen. Zweimal musste er, den man wegen seiner Verdienste auch den «Großen Dreizehnten» nennt, aus Tibet ins Exil fliehen: das erste Mal vor den Briten nach China und in die Mongolei, dann vor den Chinesen nach Britisch-Indien. Zwei Jahre nach dem Sturz des letzten Mandschu-Kaisers in China kehrte er endlich im Triumph nach Lhasa zurück und rief dort am 13. Februar 1913 vom Potala, dem Stammsitz der Dalai Lamas, offiziell die Unabhängigkeit Tibets aus. *Dank seiner segensreichen Tätigkeit konnte das tibetische Volk sich einer langwährenden Periode des Friedens und des Wohlstands erfreuen*[3], stellt auch der vierzehnte Dalai Lama anerkennend fest. Noch zwanzig Jahre leitete der Große Dreizehnte die Geschicke seines Landes und versuchte, gegen den Widerstand eines reaktionären Klerus dringend notwendige Reformen durchzusetzen, um Tibet behutsam in die Moderne zu führen.

Aber das Scheitern einiger seiner Bemühungen, besonders

um eine erfolgreiche Modernisierung des Heeres, zermürbte den Großen Dreizehnten. Er wurde des Regierens müde, er wünschte sich mehr Zeit für seine spirituelle Praxis. Seit langem litt er unter immer wiederkehrenden Grippeschüben. Im Dezember 1933 ereilt ihn dann der bis dahin heftigste Anfall. Tag und Nacht beten Mönche für seine Genesung. Am Morgen des 17. Dezember 1933 ruft man das Staatsorakel von Nechung zu Hilfe. Der Mönch, der als Medium für die Schutzgottheit Dorje Drakden dient, fällt in Trance. Die Gottheit offenbart durch seinen Mund, welche Medizin vonnöten ist, und so bereitet man den Trank «Siebzehn Helden, eine Grippe zu unterdrücken» zu, den man dem sich wehrenden Kranken einflößt. Sein Zustand verschlechtert sich rapide, gegen Mittag ist er bewusstlos. Das Orakel und andere hohe Mönche flehen ihn an, seinen Körper noch nicht zu verlassen – und solle er doch beschlossen haben zu sterben, so möge er doch bitte bald wiederkehren. Da öffnet er noch einmal die Augen, aber schweigt. Am Abend – es beginnt gerade zu dämmern – stirbt der dreizehnte Dalai Lama Thubten Gyatso. Es wird Nacht in Tibet. Aus den Klöstern ertönt der dumpfe Hall von Trommeln, auf den Dächern leuchten kleine brennende Butterlampen. Die Menschen legen ihren Schmuck und ihre bunten Schürzen ab und beginnen eine 49 Tage dauernde Trauerzeit.[4] Gemildert wird die tiefe Trauer, die Tibet beim Tod eines Dalai Lamas überkommt, nur durch das Wissen, dass der oberste Beschützer des Landes nicht endgültig gegangen ist. So ist auch die Bitte der Mönche an den sterbenden dreizehnten Dalai Lama zu verstehen, doch bald wiederzukehren. *Zwar trennen sich Geist und Körper, doch während Letzterer sich auflöst und zerfällt, glaubt man im Buddhismus an eine gewisse Kontinuität des Geistes.*[5] Dieser «Bewusstseinsstrom» des dreizehnten Dalai Lamas wird nach einiger Zeit auf einen Embryo übergehen, ein Kind wird geboren werden – und Tibet wird einen neuen, seinen vierzehnten Dalai Lama bekommen. Zwar sind, so erklärt ebendieser vierzehnte Dalai Lama, zweifelsohne Vater und Mutter die substanzielle Ursache des physischen Körpers, aber das Bewusstsein des Kindes, sein Geist also, hat mit seinen Eltern nichts gemein. *Es ist weder aus einem Element ihres Körpers noch aus einem Element ihres Bewußt-*

Thubten Gyatso, der dreizehnte Dalai Lama, im indischen Exil, 1910

seins gewachsen, denn es ist das Bewußtsein eines früheren Lebens, das dem Bewußtsein des jetzigen Lebens als substantielle Ursache[6] dient. Nun ist zwar nach buddhistischer Vorstellung jeder Mensch diesem Gesetz der Wiedergeburt unterworfen; die Umstände der nächsten Geburt werden dabei vorbestimmt durch die Art des im vorherigen Leben angehäuften guten wie schlechten «Karmas», was auf Sanskrit wörtlich «Handlung» bedeutet. Die Wirkung des Karmas ist so wenig beeinflussbar wie ein Naturgesetz. Doch ist es eine eigentümliche Besonderheit der tibetischen Form des Buddhismus zu glauben, ein in hohem Maß spiritueller Mensch könne nicht nur den Zeitpunkt des eigenen Todes, sondern sogar die Umstände seiner Wiedergeburt aktiv bestimmen. Zwar würde er als Kind zurückkehren, doch mittels verschiedener Prüfungen könne man ihn schon im Alter von etwa drei Jahren als Reinkarnation des Verstorbenen identifizieren. Einen auf solche Weise Wiedergeborenen nennt man in Tibet «Tulku»: «Körper der Verwandlung». «Lebender Buddha» lautet hingegen die chinesische Entsprechung. Alle hohen religiösen Meister und Lehrer bezeichnet man in Tibet zudem als «Lama», was dem indischen «Guru» entspricht, wobei jeder Tulku auch Lama, aber nicht jeder Lama auch ein wiedergekehrter Tulku sein muss.

Wer den Titel «Dalai Lama» trägt, ist für gläubige Tibeter mehr als ein Mensch, sogar mehr als die Wiederkunft seiner Vorgänger. Man sieht in ihm eine irdische Manifestation des überweltlichen Bodhisattvas des Mitgefühls namens Chenrezig, seines Zeichens Schutzpatron des Schneelandes Tibet. *Eine solche gesegnete Manifestation ist befähigt, weit über ihre natürliche Begabung [...] helfende Aufgaben zu übernehmen, wie zum Beispiel ein religiöser Lehrer zu sein.*[7] Für die Gläubigen mag er durchaus der Mensch gewordene Chenrezig sein, der vierzehnte Dalai Lama aber spricht lieber von einer «Manifestation» als einer «Inkarnation». Das heißt, er betrachtet sich mehr als Abbild des barmherzigen Chenrezig. *Diese Art von Chenrezig ist also kein individuelles Wesen.*[8] Denn so, wie etwa der Mond sich an verschiedenen Orten im stillen Wasser von Seen und Meeren spiegeln kann, *aber selbst unbeirrbar am Himmel seine Bahn zieht*[9] und, ohne ihn zu verlassen, dennoch ein klares Bild auf Erden zeigt, so zeigt sich auch der mitleidsvolle Bodhisattva Chenrezig in den Dalai Lamas.

Chenrezig, «der mit klaren Augen Schauende»[10], sieht das Leid der Welt und will es lindern. Er soll einst aus transzendenten Welten in einem Lichtstrahl auf die Erde gelangt sein, um dort zum Wohle aller Lebewesen zu wirken. In Affengestalt lebte

Der mitfühlende Bodhisattva Chenrezig ist der Schutzpatron und mythische Stammvater Tibets. Zugleich gelten die Dalai Lamas als Manifestation Chenrezigs auf Erden. Statue im Potala

er meditierend auf dem weiten Dach der Welt. Außer ihm, so erzählt ein tibetischer Schöpfungsmythos, hauste in dieser verlassenen Felswüste nur eine wilde Riesin; und diese bedrängte ihn beharrlich. Der Affe erbarmte sich der einsamen Riesin und zeugte mit ihr sechs Kinder: die ersten Tibeter. Der mitleidsvolle Chenrezig ist also zugleich Schutzpatron wie leiblicher Stammvater der Tibeter.

Dass die irdische Gestalt, in der der Bodhisattva Chenrezig sich bis heute den Tibetern zeigt, immer der jeweilige Dalai Lama ist, hat seinen Ursprung in der Zeit des fünften Dalai Lamas

Lobsang Gyatso (1617–1682), der diese Vorstellung nachdrücklich propagierte. Einmal als Dalai Lama offiziell anerkannt, lässt das Volk sich durch nichts abbringen von seiner Zuneigung und Überzeugung, den wahren Tulku und Chenrezig, ja das personifizierte Tibet selbst auf den Löwenthron in Lhasa gesetzt zu haben. Eine schwerwiegende Verantwortung für den Auserkorenen, man hofft unweigerlich, auch der Betroffene selbst möge diese unerschütterliche Gewissheit haben. Erste natürliche Voraussetzung ist dabei der Glaube an die Wiedergeburt. Für den vierzehnten Dalai Lama, der den Namen Tendzin Gyatso trägt, ist es selbstverständlich, dass man *frühere oder zukünftige Leben […] nicht auf der Grundlage ausschließen* kann, *daß sie nicht direkt wahrnehmbar seien.* Es wäre wohl voreilig, *eine Sache als nichtexistent* von sich zu weisen, *nur weil man sie selbst noch nicht gesehen hat.*[11] Dass Wiedergeburt eine quasi naturgesetzliche Realität ist, dessen ist Tendzin Gyatso sich sicher. Doch sieht er verschiedene Möglichkeiten, sie zu deuten. Es muss dabei, anders als bei einer «Seelenwanderung», nicht unbedingt haargenau derselbe Mensch wiederkehren, *sondern jemand anderer wird Nachfolger dieses früheren Wesens. Jemand, der die Aufgabe fortsetzt, die durch die frühere Reinkarnation nicht vollendet worden ist.* Er selbst sieht Anzeichen dafür, dass er *über die Reinkarnation in einer besonderen Beziehung zum V. und zum XIII. Dalai Lama* steht: *In meinen Träumen bin ich dem XIII. Dalai Lama verschiedene Male begegnet,*

Bodhisattva

Sanskrit für «Erleuchtungswesen», bezeichnet ursprünglich den historischen Buddha, bevor dieser den Zustand des Erwachens erlangte. Im späteren Mahayana-Buddhismus eine Person, die durch die Ausübung bestimmter Tugenden nach Weisheit und schließlich Buddhaschaft strebt, zugleich aber aus großem Mitleid gelobt, nicht ins Nirvana einzugehen, sondern weiter im Daseinskreislauf zu verbleiben, bis durch ihre Hilfe alle anderen Lebewesen auch erlöst sind. Man unterscheidet dabei zwischen überweltlichen Rettergestalten wie dem barmherzigen Chenrezig und irdischen Bodhisattvas. Während die überweltlichen Bodhisattvas die Erleuchtung bereits erlangt haben, unterscheiden sich irdische Bodhisattvas von gewöhnlichen Menschen durch besonders große Güte, ausgeprägtes Mitleid mit allen Lebewesen sowie ihr Streben nach Erleuchtung. Prinzipiell kann jeder das Gelübde auf sich nehmen, den altruistischen Weg eines Bodhisattva zu gehen.

auch andere Hinweise deuten auf eine ganz besondere Nähe zu seinem Vorgänger. Damit meint er jedoch nicht, dass er mit der Person seines Vorgängers im Amt exakt identisch sei. *Wenn Sie mich also fragen, ob ich eine Reinkarnation sei, dann sage ich: Ja, das ist mein Glaube, meine Überzeugung. Ich bin eine Art Reinkarnation des Dalai Lama. Wenn Sie mich aber fragen, ob ich die gleiche Person wie der XIII. Dalai Lama sei, dann sage ich: Ich habe meine Zweifel. Ich weiß es nicht.*[12] Das bedeutet in seinem Fall, dass er sich nicht unbedingt an die Leben früherer Dalai Lamas «als seine eigenen» erinnert, nur in tiefer Meditation gelingt es ihm wohl ein wenig. *Aber die neuen Eindrücke, die sich mit meinem jetzigen Körper verbinden, sind stärker. Die Vergangenheit ist kleiner, undeutlicher geworden. Wenn ich mich nicht besonders anstrenge, kann ich mich nicht daran erinnern.*[13]

Und doch fühlt er deutlich, einen Faden aufgenommen zu haben, den bereits der Große Fünfte und der Große Dreizehnte in Händen hielten, die beide wie keine anderen Dalai Lamas nicht nur die spirituellen, sondern auch die politischen Geschicke Tibets in besonderem Maß günstig beeinflussten. Beim dreizehnten Dalai Lama mutmaßte man, er besäße sogar politisches Verantwortungsgefühl über den (temporären) Tod hinaus: Könnte es nicht sein, dass er bewusst so frühzeitig verstorben sei, da er ahnte, welche schwierigen Zeiten auf Tibet zukommen würden? Könnte es nicht sein, dass er dieser ungewissen Zukunft reinkarniert, also wieder mit der Kraft einer neuen Jugend entgegentreten wollte? Fest steht, dass er geradezu prophetisch das tibetische Volk vor großen Gefahren gewarnt hat, die von Chinas «barbarischen roten Kommunisten» ausgehen würden: «Es kann geschehen, daß hier im Herzen Tibets die Religion und die weltliche Verwaltung sowohl von außen wie von innen angegriffen werden. [...] Was die Klöster und die Geistlichkeit anbelangt, so werden ihre Ländereien und sonstigen Besitztümer zerstört werden. [...] Die Beamten des Staates, geistliche wie weltliche, werden ihre Ländereien enteignet und ihre übrigen Besitztümer beschlagnahmt finden, selbst aber zu Dienern ihrer Feinde gemacht werden oder wie Bettler im Lande umherziehen. Alle Wesen werden in große Not und übermächtige Furcht geraten; im Leid werden Tage und Nächte langsam vergehen.»[14]

Keine schönen Aussichten für seinen Nachfolger. Vielleicht sogar ein kleines Glück, dass dieser sich nicht detailliert an Leben und Visionen des dreizehnten Dalai Lamas zu erinnern vermag. Denn so sind ihm zumindest bis zu seiner Wiederauffindung drei unbeschwerte erste Lebensjahre vergönnt, in denen er sich wie jedes gewöhnliche, etwas eigensinnige Kind benimmt – und auch so behandelt wird. Danach beginnt ein Leben als Institution, ein Leben, in dem die Privatperson völlig hinter dem Amt verschwinden, ein Leben, das nur eingebettet in das Schicksal Tibets betrachtet werden wird. Und wenn Tendzin Gyatso heute beständig äußert, er sei *nur ein einfacher Mönch*, sollte dies vielleicht weniger als bescheidene Zustandsbeschreibung des berühmtesten aller Buddhisten denn als eine der wenigen tatsächlich privaten Äußerungen über sein eigentliches Lebensideal betrachtet werden. Einfach *nur ein einfacher Mönch* sein dürfen. Gerade dies aber ist einem Dalai Lama nicht erlaubt.

Die Suche nach dem neuen Dalai Lama

Den neuen Dalai Lama zu finden war die wichtigste und zugleich schwierigste Aufgabe der Übergangsregierung unter dem von der tibetischen Nationalversammlung, dem Tshongdu, gewählten Regenten. Die Legitimität der Herrschaft eines neuen Dalai Lamas setzt voraus, dass das gefundene Kind, ohne dass auch nur der Hauch eines Zweifels aufkommen könnte, mit absoluter Sicherheit die Inkarnation des kürzlich verstorbenen ist. Ohne übernatürliche Hilfe wäre dies kaum letztgültig zu beweisen. Vorzeichen, Visionen und Wunder spielen daher bei Suche und Auffindung traditionell eine entscheidende und absichernde Rolle.

Zum Regenten nach dem Tod des dreizehnten Dalai Lamas im Dezember 1933 war Reting Rinpoche V. gewählt worden, mit gerade einmal zwanzig Jahren ein noch junger und politisch unerfahrener Lama. Für ihn sprach jedoch, dass er bereits verschiedentlich Wunder gewirkt haben sollte. Zudem hatte der Dalai Lama ihm sein persönliches Wahrsagezubehör, bestehend aus einem Auslegungsmanuskript und Würfeln, geschenkt.

Im Sommer 1935 begann Reting diese Suche, indem er mit großem Gefolge eine Pilgerschaft zu einem See in Südtibet unternahm. In den Wassern des Lhamolatso hoffte er, in einer Vision Hinweise auf den Aufenthaltsort des kleinen Dalai Lamas zu entdecken. Denn zu der Unsicherheit, ob der Dalai Lama nach ein oder zwei Jahren oder etwa noch später wiedergeboren werden würde, kam ein zweites gravierendes Problem: Die Tibeter leben in einem unendlich weiten und äußerst spärlich besiedelten Land. Nur etwa fünf Millionen Menschen[15] verteilen sich auf dem Dach der Welt über eine Fläche, fast so groß wie Westeuropa. Nicht jede Gegend, die ausschließlich oder zumindest in großer Mehrheit von Tibetern bewohnt wurde, fiel historisch in den direkten Machtbereich der Dalai Lamas oder wurde zentral von Lhasa aus verwaltet. Gerade in den entlegenen Grenzregionen galt er wohl noch als spirituelles Oberhaupt, regiert wurde dort aber von lokalen Fürsten. Zum Teil und zu manchen Zeiten unterstanden diese östlichen Grenzgebiete sogar chinesischer Verwaltung. Man unterscheidet daher zuweilen das in strengem Sinn «politische Tibet» vom größeren «ethnographischen Tibet». Der tibetisch beeinflusste Kulturraum schließlich ist noch einmal größer als das politische und ethnographische Gebiet: Er reicht bis an den Südabhang des Himalaja, bis Ladakh, Nepal, Sikkim und Bhutan, im Norden erstreckt er sich bis ins flache Grasland der Mongolei. Ein weites Land also für eine Suchaktion zu Fuß und zu Pferd.

In Amdo, dem «Land der Pferde», weit weg von Zentraltibet, weit weg von der Hauptstadt Lhasa, liegt ein armes Dorf mit Namen Taktser. Dörfer wie dieses gibt es viele im Nordosten Tibets. Bald wird es in ganz Tibet und über dessen Grenzen hinaus bekannt sein, aber im Sommer 1935, als dort am 6. Juli ein Junge namens Lhamo Dhöndup im Stall eines Bauernhauses geboren wird, ahnt das noch niemand. Die Gegend ist schön, weniger karg als das tibetische Hochplateau. Blickt man nach Süden, so scheinen die Berge noch den Himmel zu durchbohren. Ihre Abhänge sind bedeckt von Wacholdersträuchern, Wildkräutern und Rhododendren, auch Nadel-, Pflaumen-, Pfirsich- und Walnussbäume wachsen hier. Schaut man nach Norden, öffnen sich weite Ebenen, in denen Nomaden umherstreifen. Einige Kleinbauern haben sich hier angesiedelt und trotzen der Unbeständigkeit des Wetters und bauen Gerste an. Ohne etwas von seiner großen Zukunft zu ahnen, spielte das kleine Bauernkind Lhamo Dhöndup im Stall: *Meine Mutter pflegte die Dzomos, eine Kreuzung von Yak und Rind, selbst zu melken, und sobald ich gehen gelernt hatte, lief ich ihr gewöhnlich in den Stall nach, den Napf in den Falten meines Gewandes verborgen, um ihr Milch, warm vom Dzomo, abzubetteln. Auch Hühner besaßen wir, und ich durfte im Hühnerstall die Eier suchen. Es gehört zu meinen frühesten Erinnerungen, daß ich in einen der Brutkästen kletterte, mich dort zusammenkauerte und wie eine Henne gackerte.*[16]

Keine leichte Aufgabe für den Regenten Reting, diese winzige Stecknadel in den Heuhaufen Tibets zu finden, zumal das gesuchte Kind selbst nichts von seiner Bestimmung wusste. Ein Jahr nach seiner Pilgerreise zum Lhamolatso im Sommer 1936 – es waren nun gut zweieinhalb Jahre seit dem Tod des letzten Dalai Lamas vergangen – berief Reting die Nationalversammlung ein. Er wollte ihre Zustimmung, nun Suchtrupps einzusetzen, denn zumindest die Himmelsrichtung schien mittlerweile klar zu sein: Nordosten. Der Regent hatte die vergangenen Monate damit zugebracht, über seine Vision zu grübeln: drei Buchstaben des tibetischen Alphabets (a, ka und ma), ein Kloster mit einem dreistufigen türkisen Dach und einer vergoldeten Pagode, ein sich in Richtung eines kahlen Hügels windender Weg im Osten des Klosters, ein einstöckiges Haus mit blauem Dach.[17] Reting war sich sicher, dass der Buchstabe «a» ein Hinweis auf die Region Amdo sei. Man erinnerte sich nun auch an andere Zeichen, die diese Theorie passend stützten: Hatte sich nicht der Kopf des toten Dalai Lamas während der tagelangen Einbalsamierungsprozedur wiederholt von Süden nach Nordosten gedreht? War nicht im selben Raum ein merkwürdiger Pilz an einem Pfosten in der nordöstlichen Ecke gewachsen? Hatten nicht die Staatsorakel in Trance zeremonielle Schals in ebendiese Himmelsrichtung geworfen?

Es gab aber auch andere Stimmen, die einwandten, es gebe doch einen vielversprechenden Kandidaten direkt in Lhasa: Immerhin hatte ein Pferd des alten Dalai Lamas sich losgerissen und war geradewegs zum Haus eines zufällig mit dem Premierminister Langdün verwandten Kindes gerannt, gerade so, als wollte es heimkehren zu seinem Besitzer. Doch Reting gewann den Streit um die richtige Deutung der übernatürlichen Zeichen. Man konzentrierte die Suche also auf die östlichen Provinzen, besonders auf Amdo. Politisch war dies durchaus brisant, denn Amdo war zwar immer Teil des ethnographischen Tibets gewesen, zu dieser Zeit aber chinesisch kontrolliertes Gebiet. Wollte man vermeiden, dass die dortigen chinesischen Machthaber aus der Tatsache, dass der neue Dalai Lama auf ihrem Hoheitsgebiet gefunden würde, irgendwie Kapital zu schlagen versuchten,

Das Staatsorakel Nechung
In allen wichtigen Staatsangelegenheiten konsultiert der Dalai Lama das auf schamanistische Kulte zurückgehende Orakel Nechung. Mit schwerem Kopfschmuck und in Brokatgewänder gekleidet fällt der als Medium dienende Mönch unter dem Klang von Hörnern, Trommeln, Zimbeln und Gebeten tanzend in Trance. Sein Körper dient nun als Gefäß für den Geist Dorje Drakden, eine übernatürliche Schutzgottheit der Dalai Lamas. Diesem kann der Dalai Lama nun Fragen stellen, die der Geist zischend, mit einem Stift kritzelnd oder durch Gesten beantwortet. Verlässt Dorje Drakden den Körper des Mönches, fällt dieser bewusstlos zu Boden.

musste man sehr unauffällig vorgehen. Wer wollte schon riskieren, dass dem Dalai Lama, sollte er dort gefunden werden, rein aus Anstand und Respekt natürlich, eine enorm große Eskorte zum Geleit gegeben würde – und so unversehens chinesische Truppen in Lhasa einzögen!

Drei Suchdelegationen sandte die Nationalversammlung aus. Der Mönch Ketsang[18] Rinpoche aus dem Kloster Sera führte seine vierköpfige Gruppe Richtung Amdo, wo sie im Februar 1937 in Jyekundo auf den neunten Panchen Lama trafen. Dieser ist nach dem Dalai Lama der zweithöchste Tulku der Gelugpa-Schule. Die Panchen Lamas bekleideten traditionell keine politischen Ämter, fungierten aber nach dem Tod eines Dalai Lamas als dessen spirituelle Stellvertreter und waren in der Zeit schwacher Dalai Lamas oft sehr mächtig. Der Panchen Lama sandte Ketsang weiter nach Osten, bis zum Kloster Kumbum, wo er drei interessante Kinder gesehen habe. Und da war es, ein Kloster, genau wie Reting es beschrieben hatte. Im Nachhinein ließen sich damit auch die Buchstaben «ma» und «ka» erklären: «Ma» bedeutete also wohl «unter», also der untere, östliche Teil Amdos. Und «ka» sollte auf «Kumbum» hinweisen.[19]

Höchst erfreulich, denn Kumbum war spirituell wie strategisch interessant: Dies war ein wichtiger Knotenpunkt des asiatischen Handelsverkehrs, kreuzten hier doch die Karawanenstraßen von Kaschgar, Urga und Beijing jene aus Sichuan, Lhasa und Tsaidam. Seit Jahrhunderten war Kumbum zudem äußerster Vorposten des tibetischen Buddhismus im Grenzgebiet zu China. Das Kloster war zu Ehren des herausragenden Gelehrten Tsongkhapa (1357–1419) vom dritten Dalai Lama 1582 errichtet worden: Schließlich war einer der wichtigsten

Schüler Tsongkhapas der erste Dalai Lama gewesen. Kumbum war ein Brennpunkt politischer Interessen und ein Machtfaktor ersten Ranges geworden. *Der östliche Distrikt, in dem wir wohnten,* erinnert sich der vierzehnte Dalai Lama, *stand zwar unter der weltlichen Herrschaft Chinas, Thubten Gyatso, der dreizehnte Dalai Lama, aber war sein geistliches Oberhaupt.*[20] Hier, außerhalb des politischen Tibets, den neuen Dalai Lama zu finden konnte sehr wohl auch als Zeichen des politischen Machtanspruchs auf dieses Gebiet verstanden werden.

Bis in den Sommer suchte die Gruppe – mit durchwachsenem Erfolg, was wundersame Zeichen betraf – in der Umgebung Kumbums nach kleinen Jungen. Zehn, zwölf brauchbare Kandidaten fand man, dazu die drei Kinder, die dem Panchen Lama zuvor schon aufgefallen waren. Darunter befand sich auch der aufgeweckte Bauernsohn Lhamo Dhöndup aus Taktser, das nicht weit von Kumbum lag. Man beschloss, den Kleinen unauffällig zu beobachten. Um ihre Absichten zu verschleiern, gab die Suchdelegation sich als Reisegruppe aus und klopfte an die Tür des Bauern Chökyong Tsering und seiner Frau Dekyi[21]. *Hier fanden sie das jüngste Kind der Familie. Sobald der Kleine den Lama erblickte, ging er auf ihn zu und wollte unbedingt auf dessen Schoß. Der Lama [Ketsang] hatte sich durch einen Mantel, der mit Lammfell gefüttert war, unkenntlich gemacht, aber um den Hals trug er einen Rosenkranz, der dem Dreizehnten Dalai Lama gehört hatte. Der Bub entdeckte diesen Rosenkranz und bettelte darum. Der Lama versprach, ihm den Rosenkranz zu geben, wenn er herausbrächte, wer er sei. Darauf erwiderte das Kind, er sei «Sera-aga», was im Dialekt der Gegend soviel wie «Lama von Sera» bedeutet.* Es stimmte. *Früh am nächsten Morgen, als sie sich zum Aufbruch vorbereiteten, kletterte der Knabe aus seinem Bett und wollte sich nicht davon abbringen lassen, mit den Fremden zu gehen. Dieses Kind war ich.*[22]

Ein tibetisches Sprichwort sagt: Jedem Tal seinen Dialekt, jedem Lama seine Religion. Außer dem Suchtrupp hörte niemand die der Überlieferung nach folgende dreistündige Unterhaltung des zweijährigen Lhamo Dhöndup mit den Lamas. «Sie sagten mir hinterher, sie hätten im Lhasa-Dialekt mit ihm gesprochen, und er hätte ihnen ohne Schwierigkeiten geantwortet, obwohl er diese Mundart nie zuvor gehört hatte»[23], erinnert sich seine Mutter. Ein erstes Wunder, denn für gewöhnlich wird in dieser Gegend ein anderer Dialekt des Tibetischen, Tsongkha, oder auch Chinesisch gesprochen. Der Gyayum Chenmo, «Große Königliche Mutter» Tibets, wie Dekyi Tsering bald genannt wurde, fiel das schwerer: «Ich brauchte zwei Jahre, um den Lhasa-Dialekt zu lernen.»[24]

Aber Wunder benötigt man nun einmal als Beweise, den richtigen Jungen gefunden zu haben; mythenhaft entrückt scheint das Geschehen heute, wenn man über Ereignisse aus der Kindheit eines Mannes spricht, der im selben Jahr wie Elvis Presley geboren wurde. Viele für Tibeter bedeutungsvolle Ausschmückungen – Regenbogen, ein besonderes Krähenpaar, selbst Missernten und sterbendes Vieh – scheinen nachträglich in Lhasa entstanden zu sein. Allgemeine Darstellungen folgen gewöhnlich den malerischen Schilderungen Sir Charles Bells, eines britischen Karrierediplomaten, der schon im Winter 1920 für ein Jahr in Lhasa gelebt und den dreizehnten Dalai Lama gut gekannt hatte. Bell wiederum scheint sich in seinen Schilderungen auf den «Report on the Discovery, Recognition and Installation of the Fourteenth Dalai Lama» von Sir Basil Gould zu beziehen. Dieser war in den 1930ern oberster politischer Beamter im britischen Protektorat Sikkim an Tibets Südgrenze. Auch bei der Inthronisation des vierzehnten Dalai Lamas war er zugegen. Dieser folgt in seiner Autobiographie ebenfalls einer gewissermaßen standardisierten Geschichte. Eigene Erinnerungen an die Vorgänge scheint er nicht zu haben.

Weitere Prüfungen im Haus seiner Eltern bestanden darin, richtige Gegenstände zu wählen, darunter auch zwei Wanderstäbe. *Ich faßte den falschen an, hielt dann inne und betrachtete ihn eine Weile; schließlich nahm ich den anderen, der dem Dalai Lama gehört hatte, und behielt ihn in der Hand. Über mein Zögern verwundert, fand man später heraus, daß auch der erste Wanderstab eine Zeitlang vom Dalai Lama benutzt worden war. Er hatte ihn später einem Lama verehrt, der ihn wiederum an Kewtsang Rinpoche weiterverschenkt hatte.*[25] Eine höchst glückliche Lösung des Problems, dass er wohl zuerst den falschen Stab gewählt hatte.

Die Eltern des Dalai Lamas, Dekyi und Chökyong Tsering, Bauern aus der Provinz Amdo, mit seinem älteren Bruder Gyalo Dhöndup (vorn) und der Schwester Jetsun Pema. Lhasa, 21. Februar 1940

Die ersten Prüfungen waren also zur Zufriedenheit bestanden, ihr Zweck vor der Familie erfolgreich verheimlicht: *Daß ich die Reinkarnation des Dalai Lama selbst sein könnte – daran dachten meine Eltern nicht im Traum.*[26] Man schickte einen geheimen Boten nach Lhasa und ließ fragen, ob man die anderen Kandidaten noch prüfen solle. Die Antwort ließ einige Monate auf sich warten, lautete aber, der Junge aus Taktser sei sicher der richtige. Er solle, ohne großes Aufsehen zu erregen, nach Lhasa gebracht werden. So war es wohl auch eher ein politischer Kniff, dass die anderen potenziellen Kandidaten doch noch zusammengerufen wurden. Man versuchte zu vermeiden, dem chinesischen Provinzgouverneur Ma Bufeng zu signalisieren, dass man sich bereits endgültig entschieden hatte. Doch der schien etwas zu ahnen. Bereits im Lauf des Jahres 1938 verdichteten sich die Gerüchte um Lhamo Dhöndup derart, dass chinesische Fotografen im Dorf erschienen und ihn ablichteten.[27] Als Ma Bufeng im Winter 1938/39 die Eltern des hoffnungsvollen Kandidaten mit ihrem Sohn zu sich befahl, reiste die Familie unverzüglich in die Provinzhauptstadt Siling. Wie viele Prüfungen dort stattfanden, ist unklar, doch eine war recht einfach: *Er hielt uns allen eine Schachtel mit Süßigkeiten hin. Einige der Knaben waren zu verschüchtert, zuzugreifen,* andere disqualifizierten sich durch übermäßige Gier. *Ich aber – erzählte man mir – begnügte mich mit einem einzigen Stück und aß es manierlich auf.*[28]

Nicht erwähnt wird in der Autobiographie des Dalai Lamas eine öffentliche Variante der Gebetsschnur-Prüfung, wie sie dem deutschen Jesuitenmissionar Matthias Hermanns berichtet wurde. Dieser lebte in den 1930er und 1940er Jahren in Amdo, konnte die Ereignisse also als wahrscheinlich einziger neutraler Beobachter direkt verfolgen. Sein Bericht erscheint weit nüchterner, «wunderfreier» als der offizielle. Im Gespräch mit Hermanns berichtete der an der Suche beteiligte Mönch Ketsang Rinpoche nichts von privaten, sondern nur von öffentlichen Prüfungen. Dazu habe man alle Kandidaten unter seiner Aufsicht in einen Saal geführt. Auf einem großen Tisch ausgebreitet lagen viele verschiedene Gegenstände, einige hatten dem verstorbenen Dalai Lama gehört. Nur einer fasste nach der Gebetsschnur des dreizehnten Dalai Lamas: Lhamo Dhöndup. Nun, möchte man sagen, immerhin ist es dasselbe Kind. Wann und wo genau es richtige Gegenstände ergriffen hat, ist vielleicht nicht so wichtig. Ma Bufeng jedenfalls überzeugten die Prüfungen, und das Gefeilsche um den Jungen begann. Er riet den Tserings eindringlich, «das Kind in das Kloster Kumbum zu geben, das ja ebenfalls auf chinesischem Hoheitsgebiet lag. Meine Eltern empfanden das als einen Befehl»[29], erinnert sich Thubten Jigme Norbu, der älteste Bruder Lhamo Dhöndups. Der Kleine war de facto eine Geisel, war mit drei Jahren schon zum Spielball der Politik geworden.

Während der zähen Streitigkeiten um Lösegeldzahlungen lebte der dreijährige Lhamo Dhöndup also im Kloster Kumbum. Ein kleiner Trost: Zwei seiner Brüder waren bei ihm. Lhamo Dhöndup war das fünfte von sieben überlebenden Kindern der Familie. Nach der ersten Tochter, Tsering Dölma (1919–1964), kam ein Sohn, der vom dreizehnten Dalai Lama persönlich den Namen Thubten Jigme Norbu (geb. 1922) erhielt, nachdem er als Achtjähriger als Tulku des «Taktser Rinpoche» erkannt worden war. Eine kleine Familientradition, denn vor ihm war bereits ein Onkel väterlicherseits dieser Tulku gewesen. Es folgten Gyalo Dhöndup (geb. 1928), der einzige Sohn, der keine Klosterlaufbahn einschlagen sollte, und Lobsang Samten (1933–1985). Dieser war bereits als Zweijähriger zu Thubten Jigme Norbu ins Kloster Kumbum geschickt worden. Es war nicht ungewöhnlich, wenn eine Familie mehrere Söhne von klein auf Mönch werden ließ; in Tibet lebte damals mehr als ein Viertel aller Männer in Klöstern.[30] Ungewöhnlich war hingegen, dass eine Mutter gleich drei Tulkus gebären sollte, denn nach der Tochter Jetsun Pema (1940) brachte die Gyayum Chenmo noch Tendzin Chögyal (1946) zur Welt, der sich als Inkarnation des «Ngari Rinpoche» von Ladakh erwies. Von ihren vier Mönchssöhnen sollten drei ihren Status als Mönch im Lauf ihres Lebens aufgeben. Hochverehrte Tulkus blieben sie für die Tibeter aber dennoch.

Das Tulku-Prinzip hatte sich gegen Ende des 13. Jahrhunderts in Tibet etabliert. Die Vorteile dieses Systems liegen auf der Hand: In den von zölibatären Mönchen bewohnten buddhistischen Klöstern Tibets bilden Tulkus eine Möglichkeit, trotz des Fehlens biologischer Erben Kontinuität zu bewahren, indem sie gleichermaßen die spirituelle wie die ökonomische Erbfolge sichern. Das als Tulku anerkannte Kind übernimmt schon von klein auf nicht nur die religiösen Aufgaben seines Vorgängers, sondern erbt auch dessen gesamtes Vermögen. Dies konnten im Rahmen des tibetischen Feudalsystems große Ländereien sein: Schätzungen gehen davon aus, dass im alten Tibet immerhin fast vierzig Prozent des bebaubaren Ackerlands – und die erblich daran gebundenen Arbeitskräfte – in klerikalem Besitz waren.[31] Von Nachteil kann diese Form der Weitergabe hingegen sein, wenn mit der Inkarnation auch politische Aufgaben verbunden sind. So kann ein sehr junger Dalai Lama sicherlich erfolgreich segnen und erfährt vom Tag seiner Inthronisation an die gleiche Achtung, Hingabe und Verehrung, die auch dem erwachsenen Dalai Lama zuteilwird, regieren im Sinn politischer Führung aber kann das Kind nicht. Politische Kontinuität ist also nicht garantiert, da vom Zeitpunkt des Todes eines Dalai Lamas an über das Auffinden und Heranwachsen des nächsten ein kritisches Machtvakuum entsteht. In dieser Zeit des Übergangs herrscht daher ein von der Nationalversammlung gewählter Regent für das minderjährige Kind. Dieses Kind harrte nun seit Winter 1938 im Kloster Kumbum des weiteren Geschehens und war trotz der Anwesenheit zweier Brüder über seinen Aufenthalt im Kloster Kumbum nicht im Geringsten erfreut: *Alles in allem war ich in dieser Phase meiner Kindheit aber doch einsam und unglücklich. Hin und wieder pflegte mich Samtens Erzieher auf den Schoß zu nehmen, mit seinem Gewand zu umhüllen und mir getrocknete Früchte zuzustecken; das sind nahezu meine einzigen tröstlichen Erinnerungen an jene Zeit.*[32] Er fühlte sich von seinen Eltern verraten, im Stich gelassen. «In Tränen aufgelöst», flehte er den überforderten sechzehnjährigen Bruder Thubten Jigme Norbu an, «ihn nach Hause zu bringen».[33] Kaum verwunderlich, dass er das Bild, das er von seiner Heimat vor seiner Entdeckung bewahrt hat, höchst impressionistisch zeichnet: Er malt ein verklärtes Land unschuldiger Kindheit, er suggeriert ein verlorenes Märchenland, ein buddhistisches Paradies, wenn er das Dorf Taktser mit seinen fünfzehn tibetischen und zwei chinesischen Bauernfamilien beschreibt. Das Kloster Kumbum war zwar nicht weit entfernt von Taktser, aber ein erster Schritt auf einem Weg, der ihn immer weiter von seiner Hei-

Teilansicht der Klosterstadt Palkhor in Gyantse mit dem Kumbum-Chörten (links), dem Haupttempel Tsuglagkhang (Mitte) und dem Kloster Rinding (hinten), 2002

mat entfernen würde. In der weitläufigen Klosteranlage saß er also und wartete, der inoffizielle neue Dalai Lama, Lhamo Dhöndup mit Rufnamen und neben dem tibetischen «Tsering» wohl auch «Qi» mit einem chinesischen Familiennamen genannt. Mit diesem stellt er sich auch dem ersten Ausländer vor, der den künftigen Dalai Lama wohl 1939 im Kloster Kumbum zu Gesicht bekam, dem bereits erwähnten Jesuiten Hermanns. Der erinnert sich an das erste Treffen mit dem Vierjährigen: «Er spielte an meinem Photoapparat herum und versuchte auch, meine Brille auf seine Nase zu setzen. Mir schoß der Gedanke durch den Kopf: Das ist das gesuchte Kind.» Hermanns fragte einen anwesenden Mönch, ob «der Knabe die Wiedergeburt des Dalai» sei. «‹Fragen Sie ihn doch selbst.› ‹De mo yin? Geht es dir gut?›» Verdutzte Blicke aus großen Kinderaugen. «Er versteht kein Tibetisch, die Eltern sprechen zu Hause nur Chinesisch», bemerkte ein anwesender Mönch. «Ich wiederholte meinen Gruß auf Chinesisch: ‹Ni hau ma?› Geht es dir gut? [...] ‹Hau! Ni hau ma!› Mir geht es gut; geht es dir auch gut? Ich fuhr fort: Wie heißt du denn? ‹Mein Name ist Tchi.›» [34]

Da Hermanns bereits andere Mitglieder der Familie des Kleinen kennengelernt hatte und in freundschaftlichem Kontakt mit ihnen stand, wunderte er sich, dass diese ihm nie stolz die am Körper eines Dalai Lamas sichtbaren Zeichen zeigen wollten: Der echte irdische Bodhisattva Chenrezig, so die Überlieferung, trägt den Abdruck einer Tigerhaut auf den Schenkeln. Blickt aus verlängerten Augenschlitzen mit gekrümmten Wimpern. Besitzt auffallend große Ohren, zudem zwei Fleischwulste auf den Schultern, welche zusätzliche Arme andeuten sollen. Hat den Abdruck einer Muschel in der Hand. Auch Ketsang Rinpoche erwähnte Hermanns gegenüber nichts von diesen leicht überprüfbaren äußeren Merkmalen, die das Kind als echte Inkarnation ausweisen könnten.[35] Was er hingegen berichtet, ist, dass Lhamo Dhöndup der Favorit der Suchdelegation in Amdo sei, es aber noch zwei weitere Kandidaten – einen in Lhasa, einen in Lithang – gebe, für die der Anspruch auf den Titel «Dalai Lama» erhoben würde. Alle drei sollten nach Lhasa gebracht werden, wo der richtige Kandidat ausgelost werden würde, bestätigt auch Dekyi Tsering: «Es hieß, die Namen der Kandidaten würden in eine Schale geworfen, und dann würde mit einem Paar goldener Essstäbchen ein Name ausgewählt.» Trotzdem war sie im Nachhinein überzeugt, «dass sie sich eigentlich bereits für meinen Sohn entschieden hatten».[36]

Doch die Abreise verzögerte sich, Ma Bufeng wollte sich sein Goldkind teuer auslösen lassen. Die bereits bezahlten einhunderttausend chinesischen Silberdollar Lösegeld genügten nicht, Lhasa wurde mit Nachzahlungsforderungen von dreihunderttausend Dollar konfrontiert. Die zweite Geldübergabe sollte mit Hilfe einer Pilgerkarawane chinesischer Muslime, die nach Mekka reisten, vonstattengehen. Sie streckten nicht nur die Silbermünzen an Ma Bufeng vor, sie fungierten auch als Eskorte des Anwärters aus Amdo auf die Dalai-Lama-Würde. Nur wenn Ma Bufeng sich an die Spielregeln hielt, würde man den Pilgern, sobald sie Indien erreichten, die Summe in Rupien zurückzahlen. Der Schachzug gelang: Lhamo Dhöndup, der unglückliche, gelangweilte, einsame kleine Junge, der es gewohnt war, sich still für sich allein zu beschäftigen, konnte aufhören, «Reisebeginn»

Der vierjährige Dalai Lama am Tag seiner Inthronisation. Lhasa, 22. Februar 1940

zu spielen. *Immerfort schnürte ich Pakete, belud mich und mein Steckenpferd mit ihnen und trabte von dannen*[37], erzählte ihm später einmal seine ältere Schwester Tsering Dölma über diese Zeit. Nun wurde aus dem Spiel kurz nach dem vierten Geburtstag des Jungen Ernst. Über zwei Jahre nachdem die Suchdelegation in Kumbum angekommen war, brach die Karawane am 21. Juli 1939 in Richtung Lhasa auf.

Einen Monat später, am 23. August, konnte der mächtige Arm Ma Bufengs die über das tibetische Hochplateau ziehende Karawane nicht mehr erreichen, und der tibetische Staatsrat, der sogenannte Kashag, und die Nationalversammlung erklärten den Jungen aus Taktser – ohne dass die Karawane dies unterwegs mitbekam – offiziell zum vierzehnten Dalai Lama Tibets.

Drei Monate und dreizehn Tage sollte unsere Reise dauern.[38] Mit von der Partie waren die Eltern – die Mutter hochschwanger – und die Brüder Gyalo und Samten. Die beiden Kleinsten, Lhamo

Dhöndup und Lobsang Samten, reisten in einer von Maultieren getragenen Sänfte. Wochenlang zog die kleine Karawane durch das karge und kaum besiedelte Land; nur hin und wieder begegnete sie einigen Nomaden.

Da schaukelt ein Kind seiner Zukunft entgegen und weiß nicht, dass die Weichen für sein Leben unumkehrbar gestellt sind. Ein Leben als selbstbestimmte Privatperson ist ihm auf immer verwehrt. Es wird getrennt von seiner Familie aufwachsen. Protokollfragen werden sein Leben bestimmen. Es wird das nationale Symbol Tibets, mehr Institution als Mensch sein. Hätte es die Wahl gehabt, ob es diese große Aufgabe wohl angenommen hätte? Nun bleibt ihm nur, in sie hineinzuwachsen.

Fünfzehn Tagesmärsche vor Lhasa traf man auf die ersten Abgesandten der Regierung, dann schlossen sich immer mehr Menschen der Karawane an, Tausende Mönche mit bunten Fahnen säumten schließlich beide Seiten des Wegs. Am vierzehnten Tag des ersten Monats im Eisen-Drachen-Jahr (22. Februar 1940) fanden dann im Potala-Palast die sakralen Handlungen zur feierlichen Einsetzung des Dalai Lamas auf den Löwenthron statt. Man erzählte ihm später, *alle Teilnehmer seien entzückt darüber gewesen, wie ich, der ich doch noch so klein war, meine Rolle mit so viel Würde hatte durchhalten können*[39].

Mit dem neuen Leben kommen neue Namen. Selbst seine Familie nennt den Vierjährigen nun ehrfurchtsvoll «Kundün», die «Anwesenheit (Buddhas)». Die Tibeter kennen ihn als ihr «Yeshe Norbu», «Juwel der Weisheit», als «Gyalwa Rinpoche», «Kostbarer Sieger», und «Gyalpo Rinpoche», «Kostbarer König». Im Westen spricht man von «Seiner Heiligkeit» oder nennt ihn bei seinem wichtigsten Titel «Dalai Lama». Sein vollständiger Mönchsname lautet jedoch «Jampel Yeshe Ngawang Lobsang Tendzin Gyatso», zu Deutsch: «Die sanfte Pracht, die Weisheit, der Herr der Sprache, das edle Herz, der Ozean der Weisheit» – er selbst benutzt meist die beiden letzten: Tendzin Gyatso. Und mit Tendzin Gyatsos Einzug in Lhasa war der Löwenthron endlich nicht mehr verwaist, *und alle Tibeter glaubten, eine glückliche und gesicherte Zukunft stehe ihnen bevor*[40].

Die Institution der Dalai Lamas

Die Traditionslinie der Dalai Lamas entstammt der als letzte gegründeten buddhistischen Schule in Tibet, der «Gelugpa». Sie betraten die buddhistische Bühne Tibets erst recht spät. Der zu den Gelugpa gehörende Sönam Gyatso war der erste Mönch, dem 1578 der Ehrentitel «Dalai Lama» verliehen wurde. Er galt aber bereits als zweite Wiederkehr eines Hauptschülers des Ordensgründers Tsongkhapa, weshalb seinen beiden Vorgängern später postum ebenfalls der Titel «Dalai Lama» zugesprochen wurde. Der offiziellen Zählung nach ist Sönam Gyatso daher bereits der dritte Dalai Lama. Sönam Gyatso war ein außergewöhnlicher Gelehrter und sehr erfolgreicher Missionar. Zwar unterhielten auch Lamas anderer Schulen Beziehungen zu den mongolischen Nachbarvölkern, doch es war Sönam Gyatso, dem es 1578 gelang, den Mongolenfürsten Altan Khan, einen Nachfahren Dschingis Khans, zu bekehren. Altan Khan revanchierte sich mit der Verleihung eines mongolischen Titels «Tale» (tibetisch: «Dalai»), was so viel wie «Ozean» bedeutet

Die Dalai Lamas

Dalai Lama I.
Gedün Drub (1391–1474)
Dalai Lama II.
Gedün Gyatso (1475–1542)
Dalai Lama III.
Sönam Gyatso (1543–1588)
Dalai Lama IV.
Yönten Gyatso (1589–1617)
Dalai Lama V.
Lobsang Gyatso (1617–1682)
Dalai Lama VI.
Tsangyang Gyatso (1683–1706)
Gegen-Dalai-Lama VI.
Yeshe Gyatso (1706–1717)
Dalai Lama VII.
Kelsang Gyatso (1708–1757)
Dalai Lama VIII.
Jampel Gyatso (1758–1804)
Dalai Lama IX.
Lungtog Gyatso (1805–1815)
Dalai Lama X.
Tsültrim Gyatso (1816–1837)
Dalai Lama XI.
Khädrup Gyatso (1838–1855)
Dalai Lama XII.
Trinle Gyatso (1856–1875)
Dalai Lama XIII.
Thubten Gyatso (1876–1933)
Dalai Lama XIV.
Tendzin Gyatso (geb. 1935)

und als Anspielung auf Sönam Gyatsos Wissen ausgelegt wird. Der Dalai Lama ist also der «Lehrer (dessen Wissen so groß ist wie der) Ozean». Sönams unermessliches Wissen kannte man wohl auch in Tibet, denn sein tibetischer Name Gyatso steht ebenfalls für Ozean.

Die Verbindung zu einem mächtigen Mongolenstamm legte den Grundstein für die spätere politische Vormachtstellung der Gelugpa in Tibet, die unter dem fünften Dalai Lama gefestigt werden sollte. Zudem sicherte Sönam Gyatso den Gelugpa so eine Schutzmacht gegen die rivalisierende Karmapa-Schule. Günstig war in diesem Zusammenhang wohl auch, dass der vierte Dalai Lama, Yönten Gyatso, als einziger Dalai Lama kein Tibeter, sondern Mongole war – und zudem ein Urenkel Altan Khans.

Es folgt der beeindruckende Auftritt des «Großen Fünften», Lobsang Gyatso. Charismatisch, entschlossen, charakterstark, gelang es ihm als erstem theokratischen Dalai Lama, spirituelle wie weltliche Macht in seiner Person zu vereinen. So begründete er das kirchenstaatliche Regierungssystem Tibets und schuf die Grundlage für einen religiösen Nationalismus – in einer Zeit, als in Europa der durch die Reformation ausgelöste Säkularisierungsprozess die Macht der Kirche einzuschränken begann. Er hinterließ ein großes Korpus an Texten, weit mehr als seine vier Vorgänger zusammen: Biographien, eine Geschichte Tibets, religiöse Kommentare, aber auch Schriften zu klassischer indischer Dichtkunst, Grammatik und Astrologie.[41] Seinem wichtigsten Lehrer, Lobsang Chökyi Gyaltsen, verlieh er den neuen Titel Panchen, «Großer Gelehrter».[42] In einem gelungenen Schachzug präsentierte er der Öffentlichkeit zudem lange verborgene religiöse Texte, auf Tibetisch «Terma», «Schatz», die jetzt, da die Zeit reif war, (wieder)gefunden worden seien und belegen sollten, dass der Panchen Lama eine Manifestation des «Buddha Amitabha»[43], er selbst hingegen des Bodhisattvas Chenrezig sei. Der Anspruch auf Hauptrollen in der weiteren Geschichte Tibets war den künftigen Panchen und Dalai Lamas damit garantiert. Auf diese im Leben des Großen Fünften erstmals präsente Mischung von übernatürlich-spiritueller und politischer Autorität geht wohl auch die im Westen häufig auftauchende, leicht

Der fünfte Dalai Lama, Lobsang Gyatso, auf einem Thangka aus dem frühen 18. Jahrhundert

irreführende Bezeichnung «Gottkönig» zurück – ein Gott aber ist der Dalai Lama nicht.

Auch politisch brillierte der Große Fünfte. Seine Beziehung zu dem Mongolenherrscher Gushri Khan vom Stamm der Khoshoten kann als idealtypisch für ein besonderes tibetisches Herrschaftsmodell gelten, das als «Priester-und-Patron»-Regelung, tibetisch «Chö-yön», bekannt ist. Die säkulare Macht (der mongolische Khan) verpflichtet sich dabei, die religiöse Macht (den tibetischen Dalai Lama) als Gegenleistung für geistliche Beratung in weltlich-politischen Belangen zu unterstützen. Allerdings nur, wenn der Dalai Lama dies wünschte, weil er etwa Hilfe gegen Angreifer von außen oder gegen Feinde im Inneren benötigte. Doch nach dem Tod Gushri Khans, des schützenden Patrons und offiziellen Königs, schwang sich der fünfte Dalai Lama zum alleinigen Herrn über die Angelegenheiten Tibets auf. Es gelang ihm nicht nur, die Zentralgewalt Lhasas über Tibet auszubauen, er war auch außenpolitisch außerordentlich geschickt, knüpfte freundschaftliche Bande zum Kaiser von China und reiste sogar selbst nach Beijing. *Der erste Mandschu-Kaiser von China, Shun-Tse, lud den Fünften Dalai Lama, in dem er seinen religiösen Lehrer sah, […] ein, China zu besuchen, und empfing ihn dort huldigend als König von Tibet.*[44] 1645 begann er mit dem Bau des Potala; für die nächsten Jahrhunderte wird dieser Heimstatt der Dalai Lamas und Sitz der Regierung sein. Als der Große Fünfte 1682 starb, war es ihm in beinahe fünf Jahrzehnten Regierungszeit gelungen, sein Land weitgehend unabhängig von Mongolen oder Mandschu-Kaisern zu regieren. Er hatte ein Strafgesetzbuch geschrieben, ein nationales Erziehungsprojekt initiiert, ein Steuereinnahmesystem und ein Gesundheitsprogramm entwickelt.[45] Der damalige Regent Sangye Gyatso verheimlichte den Tod des Großen Fünften und die Entdeckung des sechsten Dalai Lamas jahrelang, um die Fertigstellung des Potala abzuwarten – der Große Fünfte habe sich in Klausur begeben, ließ man verlauten. Für auswärtige Besucher arbeitete man mit einem Double und *machte einen Mönch ausfindig, der äußerlich dem Dalai Lama glich, und so gelang es […], den Tod des Herrschers dreizehn Jahre lang geheimzuhalten, bis der Bau vollendet war*[46].

1695 war es dann so weit, und der Regent Sangye Gyatso präsentierte Tibet seinen sechsten Dalai Lama. Ein Junge stolperte ins Rampenlicht, der sich als gänzlich ungeeignet erwies, in die Fußstapfen seines ernsten, starken Vorgängers zu treten. Vielmehr wuchs der Sechste zu einem Libertin, einem Poeten mit Freude an Gesang und Tanz, einem Frauenhelden und Herzensbrecher heran. Unbekümmert erklärte er: «Was die Menschen über mich klatschen, zu dem bekenne ich mich und bitte vielmals um Verzeihung. Ich machte drei kleine Schritte – und ging zum Haus meiner Herrin.»[47] Mit zwanzig sollte Tsangyang Gyatso eigentlich seine endgültigen Mönchsgelübde ablegen, entschied sich aber für das genaue Gegenteil: Er gab sogar seine Novizengelübde zurück, ließ seine Haare lang wachsen, kleidete sich in bunte Seidenkleider statt einfacher Mönchsroben und wurde ein oft und gern gesehener Gast in den Kneipen zu Füßen des Hügels, auf dem der Potala thront. Das tut der Tatsache keinen Abbruch, dass er in Tibet dennoch als echte Inkarnation betrachtet wird und äußerst beliebt war und ist. Wohl weil ihm die angemessene Ausbildung von frühester Kindheit an fehlte – er wurde wegen des politischen Schachzugs der «Lebensverlängerung» zugunsten des fünften Dalai Lamas schließlich erst mit zwölf Jahren offiziell anerkannt –, erwies er sich als vollkommen unfähig, sich mit den Pflichten und Zwängen des Amtes anzufreunden und dem protokollarischen Joch zu fügen. Seine Rebellion bestand darin, all dies einfach zu ignorieren. Nicht jeder, am wenigsten der Regent, war davon begeistert. Wie ihn loswerden? Man setzte ihn zunächst einmal gegen den Willen der Bevölkerung am 27. Juni 1706 ab und verschleppte ihn. Im November 1706 fällt dann der Vorhang, seine Spur verliert sich in der Nähe des Kokonor-Sees im Sand. Sein Körper wurde nie gefunden.

Lhazang Khan, ein Nachfolger Gushri Khans, der bis dato nur als Titularkönig fungiert, aber keine direkte Herrschaft ausgeübt hatte, behauptete in der Folge, Tsangyang Gyatso sei nie der wahre sechste Dalai Lama gewesen, und installierte als «Gegen-Dalai-Lama» einen neuen sechsten namens Yeshe Gyatso. Dieser Mönch, bereits in seinen Zwanzigern und gerüchtehalber Lhazang Khans eigener Sohn, wurde jedoch vom Volk nie anerkannt.[48] Als im Osten, in Lithang, der nach Volkes Meinung echte siebte Dalai Lama geboren wurde, bat man aus Angst vor Lhazang Khan den mandschurischen Kangxi-Kaiser Chinas um Schutz für das Kind. Die Geschichte endete einerseits zwar glücklich mit der Deportation des Gegen-Dalai-Lamas und der Vertreibung des feindlichen Mongolenstamms der Dzungaren, mit denen Tibet zu dieser Zeit zu kämpfen hatte, andererseits markierte sie den Beginn chinesischer Einmischung in tibetische Angelegenheiten, wie etwa die Wahl des Dalai Lamas. Wäre der sechste Dalai Lama erfolgreich in seinem Plan *gewesen, das Mönchsein aufzugeben, als König zu verbleiben und einem seiner Kinder den Titel Dalai Lama zu vermachen, denke ich, dass die zentraltibetische Regierung stabiler gewesen wäre und dass die Mandschu vielleicht nie in unser Land gekommen wären*[49], spekuliert Tendzin Gyatso heute.

Der siebte Dalai Lama, Kelsang Gyatso (1708–1757), erwies sich zur Freude derer, die die Würde des Amtes durch das Verhalten des Vorgängers doch sehr beschmutzt sahen, als dessen genaues Gegenteil: Er präsentierte sich als vorbildlicher, äußerst gelehrter Mönch, der die Klausur liebte, aber auch öffentliche Unterweisungen durchführte, zudem verfasste er ein großes Korpus von Literatur, tantrischen Texten, Gebeten und religiösen Hymnen.[50] Ihm folgte als achter Dalai Lama Jampel Gyatso (1758–1804), dessen Amtszeit die Fertigstellung der Sommerresidenz Norbulingka der Dalai Lamas unweit des Potala sah.

Es hatte nun zunehmend den Anschein, als ob die höchsten Tulkus Tibets es vorzögen, immer häufiger innerhalb weniger adliger Familien zu reinkarnieren. Die etwas zweifelhafte Praxis zur Auffindung der Tulkus schadete nach Meinung des Qianlong-Kaisers von China (regierte 1736–1795) dem Ansehen der Geistlichkeit, weshalb er sich als Schutzherr der Gelugpa berufen sah, ordnend einzugreifen. Der dem Buddhismus zugewandte chinesische Sohn des Himmels, der damals in der bereits erwähnten «Chö-yön»-Beziehung zu Tibet stand, schenkte dem Schneeland daher 1793 eine goldene Urne, um die Tulkus im Losverfahren zu bestimmen. Dies sollte etwas mehr Seriosität garantieren, ohne jedoch übernatürliche Einflüsse auszuschließen: Kosmische Kräfte, so ließe sich argumentieren, könnten schließlich immer noch die Hand des Losziehers führen. Die Urne kam aber nur sporadisch zum Einsatz.

Die nächsten vier Dalai Lamas, der neunte bis zwölfte, starben sehr jung; nur blasse Statisten waren sie in einer Zeit, als Tibet von starken Regenten geführt wurde. Gerüchte wollen wissen, dass der eine oder andere ermordet wurde. Erst dem dreizehnten Dalai Lama war wieder ein längeres Leben vergönnt. Zum Glück, denn er erwies sich als Segen für Tibet: *Er schickte junge Leute zum Studium ins Ausland, errichtete kleine Wasserkraftwerke […], führte Post- und Telegraphenverbindungen ein und gab Briefmarken […] sowie Banknoten heraus […], während seiner Amtszeit schloß Tibet zum erstenmal eine Anzahl internationaler Verträge*[51], und er erklärte sein Land offiziell für unabhängig.

Der Dalai Lama ist also als temporärer Herrscher eine von Menschen geschaffene Institution, an deren Anfang keine göttliche Offenbarung, sondern die Verleihung eines Titels stand. *Solange die Tibeter den Dalai Lama respektieren, wird die Institution bestehen bleiben und funktionieren*[52], kommentiert daher auch recht nüchtern der aktuelle Amtsinhaber. Sollten die Tibeter jedoch anders entscheiden, wird es keinen neuen Dalai Lama mehr geben.

Auf dem Löwenthron in Lhasa

Um erfolgreich in die Fußstapfen des fünften und dreizehnten Dalai Lamas treten zu können, würde Tendzin Gyatso nicht nur politisches Talent, sondern zunächst einmal eine hervorragende Ausbildung benötigen. Sie setzte ein, als er sechs Jahre alt war. *Wie die meisten Kinder begann ich damit, Lesen und Schreiben zu lernen. Dabei empfand ich [...] einen gewissen Widerwillen [...]. Die Vorstellung, hinter Büchern sitzen zu müssen, von Lehrern beaufsichtigt zu sein, schien mir nicht sonderlich anziehend.*[53] Aber unter Khenrab Tendzin, der auch zur Suchdelegation gehört hatte, und seinen beiden anderen Betreuern, Trijang Rinpoche und Ling Rinpoche, machte das «Juwel der Weisheit» schnelle Fortschritte. Nach

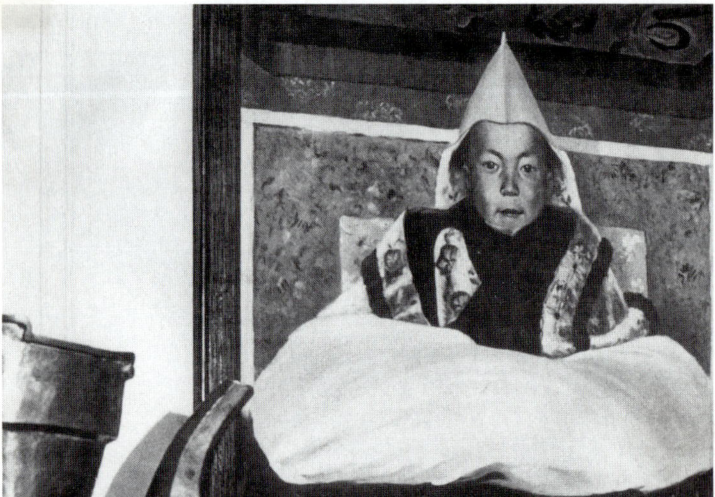

Der junge Dalai Lama auf einem seiner Throne. Undatierte Fotografie

fünf Jahren beherrschte er die vier verschiedenen tibetischen Schriftsysteme und hatte die ersten Texte auswendig gelernt. Im zwölften Lebensjahr begann er sich im Disputieren zu üben, studierte die Literatur zur «Vollkommenheit der Weisheit» (Sanskrit: Prajñaparamita) und beschäftigte sich mit den Grundlagen buddhistischer Logik. Das Pensum war umfangreich, der Inhalt schwer zu begreifen. *Ich muß gestehen, daß ich fast zusammenbrach, als man mich mit knapp dreizehn Jahren in die Metaphysik und Philosophie einführte – […] als habe mich ein Stein mitten auf die Stirn getroffen.*[54]

Für gewöhnlich müssen seine Tage in dieser Zeit jedoch recht eintönig verlaufen sein. Lobsang Samten, der die ersten Jahre mit Kundün zusammen im Potala lebte, erinnert sich an harte Betten, mit Holzspänen gefüllte Kissen, das Aufstehen im Morgengrauen, die Diener, die dem noch schlaftrunkenen «Kostbaren Sieger» «Buttertee, Tsampa, Seife, eine kleine Waschschüssel und eine amerikanische Zahnbürste» bringen. Dann betete der junge Dalai Lama für gewöhnlich bis zur 10-Uhr-Versammlung des Tsedrung, einer besonderen Abordnung von 175 Mönchen, die ihm täglich Bericht erstatten. «Um elf Uhr speist der Dalai Lama allein.» Gegen drei Uhr nachmittags begann der Unterricht und dauerte bis zum Sonnenuntergang. Wieder trank er allein seinen Abendtee, ging dann auf das Dach des Potala und blickte über die Stadt zu seinen Füßen. «Seine einzige Ablenkung ist es, die Gärten und Straßen mit seinem Fernglas zu betrachten. […] Immer noch allein, verbringt der Dalai Lama den Abend lesend oder betend.»[55]

Lhasa

«Wir waren jetzt in dem Tale, in dem Lhasa steht […]. Kein Teil von Tibet, den ich gesehen habe, ist so hübsch wie der, durch den wir am nächsten Morgen ritten. Das Tal war breit, ein munterer Strom durchfloß es, und Dörfer lagen in ihm verstreut, und unter dem Schutz von Bergen auf der anderen Seite stand eine große weiße Stadt, angenehm gelegen und einen hübschen Anblick darbietend. Die Gegend war weder bar an Bäumen noch an Ackerland, und ein Schein von Fröhlichkeit lag auf dem Ganzen und wie mir schien auch auf den Gesichtern des Volkes.»

Thomas Manning, um 1812

Die vom Dalai Lama benutzten Gemächer machen nur einen minimalen Teil des massigen Potala aus, der weiß und rostbraun wie einer der tibetischen Berge in den Himmel ragt. Betritt man ihn, findet man sich in einem riesigen Labyrinth von dunklen Gängen, Zellen, Hallen wieder. Fett aus den Butterlampen macht den Fußboden glitschig. Es riecht ranzig, Ratten huschen umher. Zehntausende brüchiger, rußgeschwärzter Thangkas, buddhistischer Rollbilder mit unterschiedlichsten sakralen Motiven, hängen in den Räumen. Manche Wandmalereien zeigen das Leben früherer Dalai Lamas, einige Räume beherbergen in goldenen Urnen deren sterbliche Überreste. Eine zuweilen sicher unheimliche Umgebung für ein Kind. Erschöpfung und Langeweile gingen Hand in Hand; Weinen gehörte zum Alltag. Schöner wurde das Leben mit dem offiziellen Sommerbeginn. Etwa im April zog der Dalai Lama in feierlicher Prozession in seinen Sommerpalast, den Norbulingka. *Ich freute mich immer auf die Übersiedlung.*[56] In den prächtigen Parkanlagen und der lichten Sommerresidenz war die Kälte eines langen Winters schnell vergessen. In einem öffentlich zugänglichen Teil des Parks wurde jeden Sommer

Der Norbulingka im Herbst 2003. Im Inneren wurde der Sommerpalast seit der Flucht des Dalai Lamas kaum verändert und steht heute Besuchern offen.

Theater gespielt, meist Stücke religiösen Inhalts. Beim Volk besonders beliebt waren allerdings parodistische Einlagen, bei denen etwa die hochheiligen Trancezustände der Orakel verulkt wurden. Vom obersten Stock seines Gartenhauses aus, verborgen hinter Gazevorhängen, sah auch der Dalai Lama zu.

Es scheint, als sei auch der vierzehnte Dalai Lama ein für sein Volk erstaunlich unsichtbares Oberhaupt gewesen. Dies war bestimmt nicht seine Schuld – er hätte sich sicher mehr Kontakt gewünscht und hat die neue Situation des Exils später auch benutzt, um protokollarische Schranken abzubauen. Sie sind jedoch nicht nur dem Protokoll geschuldet. Gerade auch die ungeheure religiöse Verehrung, die das Volk für sein Oberhaupt empfand und empfindet, trennt beide. Kaum ein Tibeter würde es wagen, dem Dalai Lama ins Gesicht zu blicken. «Wenn die Leute ihn irgendwo zu sehen bekamen, ging ihnen förmlich die Puste aus vor Ehrfurcht»[57], erinnert sich der Österreicher Peter Aufschnaiter, der in den 1940er Jahren zusammen mit Heinrich Harrer sieben Jahre in Tibet lebte.

Auch der Kontakt zu seiner Familie war stark eingeschränkt. Er besuchte sie *mindestens alle vier bis sechs Wochen* (was doch sehr wenig scheint für einen kleinen Jungen), und wenn er meint, so *doch nicht ganz von unserem Familienleben ausgeschlossen* zu sein, ist das wohl auch ein Stück Wunschdenken. Sein Alltag war jedoch allein bestimmt von erwachsenen Männern. *Es ist unvermeidlich, daß einer Kindheit, die man ohne die beständige Anwesenheit der Mutter und anderer Kinder verlebt, etwas fehlt.*[58]

Natürlich kann da kein allzu kritisches Wort über seine Eltern fallen. Für ihn zeichnete sich sein Vater durch *ausgesprochene Gutherzigkeit* aus. *Zwar konnte er auch ein wenig aufbrausend sein, aber sein Zorn verrauchte rasch. Weder besonders groß und stark noch außergewöhnlich gebildet, war er von Natur aus anstellig und intelligent.* Und auch seine Mutter war für ihn *ein sehr gütiger und liebevoller Mensch.*[59]

Der Bruder Gyalo Döndhup formuliert etwas schärfer, dass der Vater ein «schwieriger Mann und sehr jähzornig» war: «Wenn er einen Wutanfall hatte, trat er manchmal nach mir. [...] Sogar meine Mutter wurde oft böse über mich und kniff mich dann ganz ordentlich. Wenn sich meine Mutter ärgerte, konnte sie ganz schön zornig werden, zorniger noch als mein Vater.»[60] Kundüns leiser Unmut hingegen ist kaum noch zu erahnen: Sein Vater liebte Pferde, und *da er es sich jetzt leisten konnte, päppelte er sie mit Eiern und Tee auf [...]. Wenn er mich im Sommerpalast besuchte, wo die Ställe des Dalai Lama untergebracht waren, hatte ich ihn oft im Verdacht, daß er erst nach den Pferden sah, bevor er zu mir kam.*[61]

Wie die Familien früherer Dalai Lamas war auch seine in den erblichen Adelsstand zu «Yapshis» erhoben worden und damit königsähnlich. Man führte von nun an den Familiennamen Taklha. Man wurde verehrt. Für ihren Unterhalt erhielt die Familie ausgedehnte Ländereien inklusive der sie bewirtschaftenden Leibeigenen. Ein rasanter gesellschaftlicher Aufstieg. Die neureiche Bauernfamilie erwies sich als extrem eifrig darin, Besitz und Macht zu mehren.[62] Besonders dem hitzigen Vater schienen seine neuen Ehren zu Kopf zu steigen.[63] Schon bald nach Ankunft der Familie 1940 in Lhasa fiel er durch anmaßendes Verhalten auf. Er weigerte sich, Steuern zu zahlen, zwang andere, mit ihm für sie unvorteilhafte Geschäfte zu machen, war bestechlich, bedrohte sogar einen Abt. Sein Verhalten war derart unerträglich, dass der 1941 neu eingesetzte Regent Taktra Ende 1942 deswegen sogar die Nationalversammlung einberief. Diese wies die Regierung eindringlich an, den Großen Königlichen Vater an die Kandare zu nehmen.

Unter dem vorigen Regenten Reting Rinpoche hätte der «Yapshi Kung» (Königliche Vater) sich wohl nicht zügeln müssen, schließlich hatte die Familie «zum engsten Kreis um Reting gehört»[64]. Die Männer teilten nicht nur die Leidenschaft für Pferde, sondern waren auch Brüder im Geiste, was ihre wirtschaftlichen Interessen betraf. In Retings Kloster wurde der größte Teil des gesamten tibetischen Handels abgewickelt, sodass man sich hinter seinem Rücken das tibetische Sprichwort zuflüsterte: «Nach dem Essen eines Berges ist der Hunger nicht befriedigt, nach dem Trinken eines Ozeans der Durst nicht gelöscht.» Auf der Höhe seiner Macht als Regent trat Reting jedoch 1941 freiwillig zurück. Seine zahlreichen Affären hatten nur zu deutlich gezeigt, dass er unfähig war, den Zölibat einzuhalten. Das hätte in der Folge bedeutet, dass auch die Gelübde des jungen Dalai Lamas, die dieser im Jahr darauf ablegen sollte, bedeutungslos gewesen wären, hätte er sie vor seinem fehlbaren Ersten Tutor Reting abgelegt. Reting plante daher, dem moralisch einwandfreien Zweiten Tutor Taktra die Regentschaft zeitweilig zu übergeben, um danach wieder in Amt und Würden zurückzukehren. Doch Taktra war nicht gewillt, sich nur als Interimslösung zu betrachten. Auch Retings Versuch, die chinesische Guomindang (Nationale Volkspartei) für sich einzuspannen, trug nicht die erwünschten Früchte. Letzte Möglichkeit schien ein «Tyrannenmord» am Regenten Taktra, und den versuchten Anhänger Retings mittels einer zur Briefbombe umgebauten Handgranate. Doch das Attentat auf Retings Nachfolger Taktra scheiterte, und die Verschwörung endete mit der Verhaftung des Exregenten am 17. April 1947. Die Familie des Dalai Lamas war von den Ereignissen um Reting sehr beunruhigt, denn gerade erst, zum Neujahr 1947, war das Familienoberhaupt, der Große Königliche Vater, an einer Kolik gestorben, von der seine Frau und zumindest auch der Sohn Gyalo Dhöndup glaubten, sie sei durch Gift hervorgerufen worden.

Reting bemühte sich zwar noch aus der Haft um eine Audienz beim Dalai Lama, sie wurde ihm aber verwehrt. Nach den ersten Verhören starb er plötzlich am 8. Mai 1947 in seiner Kellerzelle unter dem Potala – höchstwahrscheinlich keines natürlichen Todes. Die Lage spitzte sich zu, denn bereits Retings Verhaftung hatte den Beginn eines kleinen Bürgerkriegs in Lhasa markiert, in dem auf der einen Seite die Regierung unter Taktra, auf der anderen die Anhänger Retings standen. Deren Gewaltpotenzial war nicht zu unterschätzen, denn keineswegs alle Mönche Tibets widmeten sich sanft und vergeistigt höheren spirituellen Studien. Unter denen, die es nicht taten, gab es eine Gruppe, die sogar äußerst diesseitig war: die kämpfenden Mönche («Dobdobs»), zu der immerhin etwa zehn bis fünfzehn Prozent aller Mönche gehörten. Bei geschätzten 20000 Mönchen in und um Lhasa, also vielleicht etwa 2000 bis 3000 Dobdobs, aber einer nur etwa 1000 bis 1500 Mann starken Staatsarmee im selben Gebiet konnte die Regierung von Glück sagen, dass die Klöster nicht gemeinsam handelten.[65]

Taktra hatte eine starke Hand gezeigt, und dennoch war Tibet innenpolitisch geschwächt aus dieser Krise hervorgegangen. Nicht lange darauf begannen Gerüchte zu kursieren, dass bei der Wahl des Dalai Lamas ein Fehler unterlaufen sei. Er sei eigentlich der «Ditru Rinpoche», während dieser der wirkliche Dalai Lama sei. Eine Überprüfung mittels einer Urne, in die beide Namen gelegt wurden, sollte Klarheit bringen. «Dreimal wurde das Gefäß geschüttelt, dreimal fiel der Name meines Sohnes heraus! Damit war dem Regenten Taktra und dem Kashag erst mal der Mund gestopft» [66], erinnert sich die Große Königliche Mutter befriedigt.

Und der junge Dalai Lama? Wahrscheinlich wird man ihn von diesen Intrigen und politischen Wirren weitgehend ferngehalten haben. Auch seine Verbindungen nach draußen wurden immer spärlicher. Bereits im Sommer 1946, ein halbes Jahr bevor der Vater starb, musste Kundüns Bruder Lobsang Samten den Potala verlassen. Die beiden Jungen hatten sich oft und heftig gezankt, wobei der Streit meist von Kundün angezettelt wurde, vielleicht aus Unmut, vielleicht aus Langeweile. Als der Elfjährige seinen zwar älteren, aber stets zarteren Bruder mit einem elfenbeinbesetzten Offiziersstock vor sich herjagte und am Kopf traf, bot sich Kundüns Erziehern ein nicht unwillkommener Anlass, die beiden zu trennen. Nicht wegen der Streitereien, nicht weil Lobsang langsamer lernte und Kundün behindern könnte, sondern wohl eher, um zu vermeiden, dass Lobsang durch seinen freieren Zugang zur Außenwelt seinen Bruder ungünstig beeinflussen könnte. Kundün verlor dadurch den letzten Anschluss an Gleichaltrige. Und im Jahr darauf untersagte Taktra dem Zwölfjährigen auch noch Besuche in seinem Elternhaus.

Das «Juwel der Weisheit» vertiefte seine buddhistischen Studien erfolgreich und mit großem Interesse, bedauert heute jedoch, dass man in seiner Erziehung naturwissenschaftliche Erkenntnisse völlig außer Acht gelassen hatte. *Doch wie hätte es auch anders sein können? Tibet war ja bis in die Gegenwart von der Außenwelt völlig abgeschlossen.*[67] Im Klartext heißt das, dass er einerseits eine hervorragende, ihn zum spirituellen Oberhaupt Tibets vortrefflich qualifizierende buddhistische Ausbildung erhielt, aber andererseits weder in Mathematik noch in Biologie, Physik oder Geographie unterrichtet wurde, auch nicht in Fremdsprachen oder Politik. Aus einigen alten englischen Zeitschriften und Büchern des dreizehnten Dalai Lamas ließ er sich zumindest kleine Teile, kaum mehr als Bildunterschriften, von einem der Adligen Lhasas, der des Englischen mächtig war – davon gab es zu dieser Zeit gerade mal zehn –, ins Tibetische übertragen. Text und Übersetzung wurden aus Gründen des Protokolls sehr umständlich per Brief ausgetauscht. Es war also nicht leicht für den wissbegierigen Jungen, an gründliche Kenntnisse über das Ausland zu gelangen. Diese Isolation, gepaart mit seiner ungemein ausgeprägten menschenfreundlichen Güte, ließen ihn manche Dinge sehr eigen einschätzen. So war er während des Zweiten Weltkriegs auf der Seite der Deutschen, allein weil es den Rest der Welt gegen sich hatte. *Das ist meine Natur. Ich bin immer für den Verlierer.*[68] Später, als er mehr wusste, betrachtete er den Zweiten Weltkrieg und den Nationalsozialismus selbstverständlich wesentlich differenzierter.

Die ersten Ausländer

Kaum einer Handvoll Ausländer war es vor Harrer und Aufschnaiter gestattet worden, im sagenumwobenen Tibet zu leben. Seit etwa dem 14. Jahrhundert gab es in Europa Gerüchte über einen «Papst» im Osten, doch erst Mitte des 17. Jahrhunderts gelangten Jesuitenpatres nach Tibet und ließen sich in Lhasa nieder. Zu Beginn des 18. Jahrhunderts gesellten sich Kapuziner hinzu, doch die Tibeter erwiesen sich als kaum missionierbar. Nach den gescheiterten Religionsbotschaftern versuchten diplomatische Gesandte ihr Glück. Erst 1811 wurde einem (nichtchinesischen) Ausländer eine Audienz bei einem Dalai Lama gewährt. Viele andere, die versuchten, das Dach der Welt zu bereisen, wurden des Landes verwiesen, so auch der große schwedische Forschungsreisende Sven Hedin.

Das nationalsozialistische Deutschland war seinerzeit Tibet übrigens durchaus auch zugetan: Heinrich Himmler, der die SS-Forschungsstätte «Ahnenerbe» gegründet hatte, schien die Idee interessant zu finden, Tibet könne Zufluchtsort einer «arischen Wurzelrasse» gewesen sein. Dem Wissenschaftler Ernst Schäfer wurden daher zwei SS-finanzierte Expeditionen (1934/35 und 1938/39) nach Tibet gestattet. Solche ausländischen Expeditionen waren in der Geschichte des Landes jedoch sehr selten, auch wegen Tibets bewusster Isolationspolitik. So lebten Ende der 1940er Jahre in Tibet keine Amerikaner und gerade einmal sechs Europäer.

Zwei davon waren die beiden Österreicher Heinrich Harrer und Peter Aufschnaiter. Aufschnaiter war Leiter der deutschen Nanga-Parbat-Expedition von 1939 gewesen, die mit allen Teilnehmern in britische Internierung geraten war. Seinen Tibetischkenntnissen war es in der Hauptsache zu verdanken, dass er und Harrer nach der Flucht aus dem Lager im indischen Dehra Dun im April 1944 sich bis Lhasa durchschlugen, das sie am

Auf diesem 1950 von dem österreichischen Bergsteiger Heinrich Harrer aufgenommenen Bild präsentiert der Dalai Lama eine buddhistische Reliquie.

15. Januar 1946 völlig entkräftet erreichten. Aufschnaiter leistete der tibetischen Regierung wertvolle Dienste in der Landwirtschaft, bemühte sich um die Verbesserung des Saatguts und leitete den Bau des ersten Bewässerungskanals in Tibet. Harrer machte sich anders verdient. Er hatte sich mit der Familie des Dalai Lamas, insbesondere mit Lobsang Samten, angefreundet. Über diesen ließ Kundün Harrer ausrichten, er solle Filmaufnahmen von der Stadt, von Vergnügungen und Festen machen; der weitgehend isolierte Junge schien sich auf diese Weise die Welt in seinen Palast holen zu wollen. Von früh an war er sehr technikbegeistert gewesen, hatte selbständig einen Filmprojektor repariert und auch schon selbst einen ersten kleinen Film gedreht, der neben einem Schwenk vom Potala unter anderem eine Nahaufnahme seines heißgeliebten Kochs Ponpo zeigte. Nun beauftragte er Harrer im Winter 1949/50, ihm neben seinem Sommerpalast ein Kino zu bauen. Gleich nach seiner Rückkehr in den Norbulingka im Frühling 1950 arrangierte er mit Lobsangs Hilfe ein privates Treffen mit Harrer und überschüttete den Österreicher mit all seinen über die Jahre aufgestauten Fragen über die Welt. Etwa ein halbes Jahr lang trafen sich die beiden regelmäßig und völlig zwanglos; und Harrer tat, was er vermochte, um die Neugier des wissensdurstigen Jungen zu stillen. Etwas Mathematik, geographische Grundkenntnisse (die Erde ist eine Kugel), ein wenig Weltpolitik, ein bisschen Englisch: Es war ein Anfang, den Anschluss an die Moderne zu finden. *Aber ich bin mir darüber im klaren, daß ich fast ohne jegliche Kenntnis weltlicher Dinge aufwuchs. Und in dieser geistigen Verfassung fiel mir im Alter von sechzehn Jahren die schwere Aufgabe zu, die Regierungsgewalt über mein Land in eigene Hände zu nehmen – über mein Land, in das die Soldaten Rotchinas eingedrungen waren.*[69]

Regentschaft unter keinem guten Stern

Was war geschehen? Der Osten war nach dem «Langen Marsch» und erbitterten Kämpfen rot geworden, Mao Zedongs kommunistische Volksbefreiungsarmee hatte die Truppen der Nationalen Volkspartei unter Chiang Kai-shek besiegt und am 1. Oktober 1949 in Beijing die Volksrepublik China ausgerufen. Für den Dalai Lama und seine Regierung kündigten sich große Schwierigkeiten an: Die Zeit, da man nach dem Fall der Qing-Dynastie (1911) relativ unbehelligt vom großen Nachbarn jahrzehntelang tibetische Unabhängigkeit praktizieren konnte, weil China in interne Kämpfe verwickelt war, war nun vorbei. Militärischer Beistand war von keiner Großmacht zu erwarten. Auch Großbritannien hatte kein Interesse mehr an einem selbständigen Tibet als Pufferstaat. Nachdem Indien 1947 unabhängig geworden war, gab es keine «nationalen Interessen» – nämlich die Nordgrenze (Britisch-)Indiens – zu verteidigen. Man beschränkte sich darauf, Indien in seiner Außenpolitik zu unterstützen. Und Indien war zum Unglück der Tibeter sehr an freundschaftlichen Beziehungen zur jungen chinesischen Volksrepublik interessiert.

Tibet hätte längst gewarnt sein müssen: Der Wille, Tibet zu «befreien», war bereits in Manifesten der Kommunistischen Partei Chinas (KPCh) aus den 1920er Jahren formuliert worden. Schon der Große Dreizehnte hatte 1932 in seinem politischen Testament dringend gewarnt: «Insbesondere müssen wir uns vor den barbarischen roten Kommunisten schützen [...]. Es wird nicht lange dauern, bis wir den roten Ansturm an unserer Haustür finden. [...] Und wenn das geschieht, müssen wir bereit sein, uns zu verteidigen. Sonst wird unsere spirituelle und kulturelle Tradition vollständig ausgelöscht werden. [...] Die Klöster werden geplündert und zerstört werden und die Mönche und Nonnen getötet oder verjagt.» [70]

Seine Prophezeiung begann sich in der zweiten Hälfte des Jahres 1949 zu erfüllen. Die chinesische Volksbefreiungsarmee marschierte in den tibetisch besiedelten Grenzbereich, die Provinzen Amdo und Kham, ein. Da diese Region schon zuvor unter chinesischer Verwaltung gestanden hatte, betrachtete Lhasa den Vorstoß noch nicht als Angriff auf tibetisches Hoheitsgebiet. Die tibetische Regierung sandte daher zu diesem Zeitpunkt weder Soldaten nach Amdo noch Protestnoten nach Beijing. Natürlich war man alarmiert, denn die Kommunisten warnten über Radio: «Die Volksbefreiungsarmee (PLA) muss das gesamte chinesische Territorium [...] befreien. Tibet ist chinesisches Territorium [...]; das tibetische Volk ist ein untrennbarer Bestandteil des chinesischen Volkes. Jeder Aggressor, der es versäumt, diesen Punkt anzuerkennen, wird seinen Schädel an der eisernen Faust der PLA brechen.»[71]

Lhasa schickte eiligst Telegramme an befreundete Nationen, Delegationen sollten folgen und um Hilfe ersuchen: Die Antworten waren niederschmetternd. *Die britische Regierung versicherte uns ihres wärmsten Mitgefühls [...] und bedauerte, daß sie, da Indien die Unabhängigkeit zuerkannt sei, unserem Land seiner geographischen Lage wegen nicht beistehen könne.*[72] Hilfe von außen war also nicht zu erwarten, und die Verteidigung des Landes würde sehr schwer werden. Ein Sieg war kaum denkbar, vielleicht könnte man mit Guerillataktiken den Feind in den schwer zugänglichen Bergen in einen jahrelangen, aufreibenden Krieg verwickeln. Doch ausgerechnet in diese kritische Phase fiel die Ablösung des erfahrenen Gouverneurs Lhalu in Osttibet durch einen anderen Regierungsbevollmächtigten: Ngabö Ngawang Jigme. Er sollte Tibets Geschicke in den nächsten Jahrzehnten nachhaltig beeinflussen.

Am 7. Oktober 1950 attackierten chinesische Soldaten in Kham die Ostgrenze Tibets und überschritten den Fluss Dre Chu (oberer Jangtse). Heinrich Harrer erinnert sich noch 1997 deutlich: «Bis fast auf den Tag genau habe ich die Invasion vorausgesagt. Alle meinten, dass die Chinesen niemals im Winter einmarschieren würden, aber ich wusste, dass sie genau das Gegenteil dessen tun würden, was die ganze Welt erwartete. Und sie kamen im Winter, weil da die Flüsse ohne Wasser sind und die Sümpfe zugefroren.»[73] Im Lauf des Oktober überquerten 40 000 Soldaten der Volksbefreiungsarmee unter dem Oberkommando von General Zhang Guohua die Grenzen Tibets an acht verschiedenen Stellen. Auf starke Gegenwehr konnten sie kaum stoßen, da die gesamte tibetische Armee nur etwa 8000 Soldaten umfasste. *Ihre Hauptaufgabe bestand darin, die Grenzposten zu besetzen und unerwünschte Ausländer an der Einreise zu hindern.*[74] Das tibetische Militär war zudem schlecht ausgebildet; den Rang eines Generals erwarb man nicht durch Leistung, sondern im Rahmen eines Rotationsverfahrens für Regierungsbeamte. Das Fazit des Dalai Lamas über seine Armee: *Zur Kriegsführung war sie absolut ungeeignet.*[75] Schon am 19. Oktober hatte die Volksbefreiungsarmee die Stadt Chamdo eingenommen, den frühzeitig kapitulierenden Ngabö Ngawang Jigme auf der Flucht festgenommen und zur «Umerziehung» abgeführt. Die tibetischen Truppen in der Provinz Kham wurden aufgerieben, die Lage war ernst. Was tun? *Das Kabinett trat mit der feierlichen Aufforderung an mich heran, ich möge die Regierungsgewalt übernehmen. Mich überkam Angst. Ich war doch erst sechzehn Jahre alt. Meine religiöse Ausbildung war noch bei weitem nicht abgeschlossen, ich wußte nichts von der Welt und hatte keinerlei Erfahrung in politischen Dingen.*[76] Wie es bei allen wichtigen Entscheidungen auch heute noch geschieht, ließ der zukünftige Machthaber Tendzin Gyatso zunächst Orakel befragen: Beide Mönche äußerten im Trancezustand, er müsse unverzüglich die Macht übernehmen. Am 17. Oktober 1950 übernahm der Fünfzehnjährige[77] die politische Führung Tibets. Da im Osten die strategisch wichtige Stadt Chamdo gefallen war, stand der Volksbefreiungsarmee der Weg nach Lhasa offen. Aus Sicherheitsgründen war der neue Regierungschef daher wenige Wochen nach seiner Machtübernahme gezwungen, das erste Mal ins Exil zu gehen. Der frischgekürte Herrscher und seine Regierung verließen Lhasa in der Nacht des 18. Dezember 1950 und zogen sich für die nächsten sieben Monate nach Yatung im südtibetischen Chumbi-Tal zurück; von dort hätte man im Notfall leicht über die Grenze nach Indien fliehen können.

Hoffen und Bangen: Die Ereignisse überstürzten sich in diesen Monaten. Anfang November hatte die tibetische Regierung ein Telegramm an die UNO geschickt, und erstaunlicherweise hatte sich die Delegation El Salvadors unter Hector David Castro bereitgefunden, eine Untersuchung des Konflikts zwischen Tibet und China in der UN-Vollversammlung zu beantragen. Schon Ende November hatte das die Vollversammlung vorbereitende Komitee den Antrag abgelehnt. Die antikommunistische Stimmung in der westlichen Welt hatte zwar einen Höhepunkt erreicht, aber trotz einer gewissen prinzipiellen, eher emotionalen Parteinahme für Tibet schlossen sich Großbritannien und die USA Indiens Standpunkt an. Dessen Premier Jawaharlal Nehru, froh über eine knospende Freundschaft zu China, glaubte einer Note Beijings vom 16. November, die verstehen ließ, eine friedliche Lösung sei möglich. Indien sah den Fehlschlag seiner «Appeasement»-Politik erst Jahre später ein. Auch eine zweite an die UNO gerichtete Bitte Tibets, datiert auf den 8. Dezember 1950, zeitigte nicht die erhofften Ergebnisse.

Doch da ändern die Chinesen ihr Vorgehen. Anstatt direkt nach Lhasa zu marschieren, will man sich nun in Verhandlungen mit der tibetischen Regierung einigen. Zu Maos Form eines kommunistischen Imperialismus gehörte anfangs wohl die Absicht, Tibet nicht unbedingt gegen den Willen der Tibeter zu erobern – oder, nach seiner Diktion, zu «befreien». Er wollte den chinesischen Anspruch auf Tibet, die «Heimkehr ins Mutterland», auch durch den Dalai Lama als höchste Instanz legitimiert wissen, Tibet schrittweise aus dem Feudalsystem befreien und für den Kommunismus gewinnen. Dass nach einer ersten chinesischen Machtdemonstration das Tempo gedrosselt wurde, kann vielleicht als einer der Gründe gesehen werden, warum sich Lhasa kooperativ verhielt und hoffte, weitere Kämpfe vermeiden zu können. Maos strategische Freundlichkeit las sich so: «Wir müssen unser Bestes tun und die geeigneten Maßnahmen ergreifen, um den Dalai und die Mehrheit seiner höchsten Ränge für uns zu gewinnen und die Handvoll schlechter Elemente zu isolieren, um eine schrittweise, unblutige Transformation der tibetischen Wirtschaft und des tibetischen politischen Systems über mehrere Jahre hin zu erreichen; auf der anderen Seite müssen wir auf die Möglichkeit vorbereitet sein, dass die schlechten Elemente die tibetischen Truppen zur Rebellion führen und uns angreifen.»[78]

Der Dalai Lama und seine Regierung im innertibetischen Exil in Yatung sahen sich derweil international isoliert. In der vagen Hoffnung, zumindest einer völligen militärischen Besetzung und Unterstellung unter chinesische Oberhoheit entgehen zu können, sandte man im Februar 1951 eine Delegation nach Beijing. Leiter der Mission war ausgerechnet der einundvierzigjährige Minister Ngabö Ngawang Jigme, der gerade Tibets Ostgrenze voreilig aufgegeben hatte, von der Volksbefreiungsarmee indoktriniert und anschließend zum Vizevorsitzenden des chinesischen «Chamdo-Befreiungskomitees» gemacht worden war. Das Ergebnis der Verhandlungen stand von vornherein fest, nach einmonatiger Verhandlungszeit unterzeichneten die Tibeter «Die 17-Punkte-Übereinkunft zur friedlichen Befreiung Tibets», auch das «17-Punkte-Abkommen» genannt. Radio Beijing strahlte den Wortlaut prompt am 26. Mai 1951 aus, auch auf Tibetisch. Und auf diesem Weg sollte auch der entsetzte Dalai Lama in seinem Exil im Chumbi-Tal von der Unterzeichnung hören. Der erste Punkt des in sich widersprüchlichen Dokuments fixierte den Rahmen der künftigen Beziehungen: «Das tibetische Volk soll sich einen und die imperialistischen Kräfte aus Tibet vertreiben, das Volk Tibets

Auszug aus dem 17-Punkte-Abkommen

«In Übereinstimmung mit der Politik gegenüber den Volksstämmen, wie sie im ‹Allgemeinen Programm› [...] verankert ist, hat das tibetische Volk das Recht zur Ausübung regional nationaler Autonomie unter der geeinten Führung der Zentralen Volksregierung [Chinas]. Die Zentralbehörden werden das bestehende politische System in Tibet unverändert lassen. Die Zentralbehörden werden außerdem den bestehenden Status, die Funktionen und Befugnisse des Dalai Lama nicht antasten. [...] Die Politik der religiösen Glaubensfreiheit [...] soll wirksam werden. Religion, Sitten und Gebräuche des tibetischen Volkes sollen respektiert und die Lamaklöster geschützt werden. Die tibetische Landwirtschaft, Viehzucht, Industrie und der Handel sollen schrittweise entwickelt und der Lebensstandard [...] verbessert werden. Hinsichtlich verschiedener Reformen in Tibet werden die Zentralbehörden keinen Zwang ausüben.»

Der sechzehnjährige Dalai Lama im Kloster Dungkar, März 1951. Neben ihm einer seiner Berater mit einer Urne, in der Asche Buddhas oder eines seiner Schüler aufbewahrt wird.

soll in die große Familie des Mutterlandes heimkehren – die Volksrepublik China.»[79] Ohne großen Widerstand war nicht weniger als die tibetische Souveränität aufgegeben worden: Dies war nach dem Abkommen von 821 der zweite Staatsvertrag, den Tibet mit China schloss, aber das erste Mal in der Geschichte, dass Tibet die chinesische Vorherrschaft schriftlich anerkannte. «Einen Stein hinwerfen, Jade bekommen»: Die chinesische Taktik war aufgegangen, Tibet hatte sich ködern lassen, in der Hoffnung, durch die Unterzeichnung einen kleinen Freiraum zu gewinnen. Tatsächlich unterschrieben die Tibeter den Verlust ihrer Unabhängigkeit.

Einen einzigen Tibeter «befreiten» die chinesischen Kommunisten zwischen Winter und Frühling 1950/51 tatsächlich ein wenig: Da die Regierung in ihrem provisorischen Sitz in Yatung weitgehend dazu verdammt war, abzuwarten, und der strenge Unterricht des Dalai Lamas nicht wie gewohnt abgehalten werden konnte, blieb dem Sechzehnjährigen plötzlich zum ersten Mal viel Zeit und Raum, sich nach eigenem Willen zu bewegen. Sein Bruder Lobsang Samten erinnert sich, wie sie gemeinsam die Gegend erforschten. Keuchende ältere Mönche im Schlepptau, besuchten die beiden Jugendlichen in temporeichem Tatendrang «jedes Kloster, jeden Schrein und jeden Tempel in der ganzen Gegend. Aber wir jagten auch Schmetterlinge, wateten bis zu den Knien in kalten Bergbächen und spielten Fangen.» Und zu Kundün bemerkt er: «Ich glaube, ich habe ihn nie so fröhlich und sorglos gesehen.»[80] Doch dieses fast urlaubshafte Intermezzo endete schon im Juli, als der Dalai Lama beschloss, nach Lhasa zurückzukehren und China gegenüber auf der Basis des «17-Punkte-Abkommens» zu agieren.

Als Arbeitsgrundlage versprach es zumindest in Teilen Selbstbestimmung für Tibet. Kurz nach seiner Rückkehr verfasste der verhandlungsbereite Dalai Lama daher in bestem kommunistischem Jargon ein offizielles Telegramm an Mao: *Die lokale Regierung Tibets, die Mönche und das gesamte tibetische Volk verleihen ihrer einstimmigen Unterstützung dieser Übereinkunft ihren Ausdruck. Unter der Führung des Vorsitzenden Mao Tse-tung und der zentralen Volksregierung unterstützen sie aktiv die Einheiten der Volksbefreiungsarmee, die Tibet zur Stärkung der nationalen Verteidigung [Chinas], der Vertreibung imperialistischer Kräfte aus Tibet und der Garantie der Souveränität des gesamten Territoriums des Mutterlandes betreten haben.*[81] Mao bedankte sich.

Chinareise: Ein Reformer und der Kommunismus

Die erste Phase der chinesischen Besatzung Tibets, etwa von 1951 bis 1954, kennzeichnete die Konsolidierung der physischen Kontrolle; danach sollten die politischen und sozialen Transformationen einsetzen. Am 9. September 1951 marschierten 3000 chinesische Soldaten friedlich in Lhasa ein. Kurz danach folgten weitere 20 000 und besetzten unter den Generälen Zhang Guohua und Dan Guansan die anderen großen Städte Tibets. Tibet befand sich de facto unter militärischer Kontrolle Chinas, doch war diese in den ersten vier Jahren recht schwach, da der Straßenbau noch nicht weit gediehen war. Die Besatzer versuchten, sich einerseits weitgehend an das «17-Punkte-Abkommen» zu halten, andererseits aber doch die Autorität und Funktionen der tibetischen Regierung allmählich auszuhöhlen. Die Ironie der Geschichte will es, dass der tibetische Gegenspieler Maos ebenfalls der Ansicht war, das Volk müsse aus seiner technologischen und sozialen Rückständigkeit herausgeholt werden. Der Potentat im Potala stand Reformen sehr aufgeschlossen gegenüber und hielt es nicht für wünschenswert, das ausbeuterische Feudalsystem des traditionellen Tibet aufrechtzuerhalten. In einer seiner ersten Amtshandlungen hatte der Dalai Lama bereits am 17. November 1950 eine Reformkommission gegründet, die seine Pläne für eine Modernisierung Tibets umsetzen und ausarbeiten sollte. *Am dringendsten aber bedurfte unser Gesellschaftssystem der Reform hinsichtlich der großen Privatbesitzungen.*[82] Wenige adlige Familien besaßen riesige Latifundien, die ihnen vom Staat überschrieben worden waren. Als Gegenleistung mussten sie dafür lediglich ein Familienmitglied als Regierungsbeamten zur Verfügung stellen und für seinen Unterhalt aufkommen. Bearbeitet wurde der Boden ohne direkten Lohn von zum Besitz gehörenden leibeigenen Bauern, denen die Großgrundbesitzer im Ausgleich für ihre

Arbeit einige Äcker überließen. Den Ertrag dieser Landstücke durften die Bauern vollständig behalten. *Daraufhin beschloß ich, den größeren Teil all dieser großen Güter wieder in das Eigentum des Staates zu überführen [...] und die Beamten fest in bar zu besolden. Der Grund und Boden aber sollte unter jene Bauern aufgeteilt werden, die ihn bisher bereits bestellt hatten. Damit wären sie alle zu gleichgestellten Pächtern des Staates geworden.*[83] Auch für die Klöster, die ebenfalls über ausgedehnten Grundbesitz verfügten, plante er ähnlich Revolutionäres. Die quasi leibeigenen Bauern hingegen hinderte ihr buddhistischer Glaube, angesichts der stark hierarchischen sozialen Strukturen ein ausgeprägtes Gefühl für Ungerechtigkeit zu entwickeln. Schuld war tatsächlich das «Opium des Volkes», die Religion, genauer, die buddhistische Karma-Theorie: *Ein armer Tibeter hatte wenig Veranlassung, seinen reichen Gutsherren zu beneiden oder anzufeinden, denn er wußte, daß jeder die Saat aus seinem früheren Leben erntet.*[84] Ein armer Tibeter wird als Buddhist sein Ziel aber nicht durch Revolution – und somit in diesem Leben – erreichen, sondern sich höchstens durch Religion, durch dem Buddhismus gemäßes Verhalten eine bessere Wiedergeburt verdienen – irgendwann vielleicht sogar als Gutsherr. Gegen die Macht der Klöster, also die spirituelle Hierarchie, aufzubegehren war in der so stark von Religion durchdrungenen Gesellschaft undenkbar.

Neben diesen ersten eigenen Entwürfen zum vorsichtigen Umbau der tibetischen Gesellschaft musste der unerfahrene neue Herrscher sich auch eine Haltung im Umgang mit China erarbeiten. Er entschied sich nach reiflichem Nachdenken für Kooperation, wann immer möglich, und für passiven Widerstand, wenn die chinesischen Vorgaben völlig unannehmbar wären. Eines jedoch schloss er für sich völlig aus: die Unterstützung von Gewalt gegen die chinesischen Besatzer. Dabei hatte er gleichermaßen pragmatische wie ethische Gründe im Blick, denn *gewaltsamer Widerstand war nicht nur undurchführbar, er war auch unsittlich*[85]. Die Chinesen selbst setzten ihre Ziele mit Zuckerbrot und Peitsche durch. Nachdem der Dalai Lama auf dringende Forderung des Generals Fan Ming seine beiden offen antichinesisch eingestellten Premiers Lukhangwa und Lobsang

Auf Einladung Chinas bereisen der Dalai Lama (2. v. links) und der Panchen Lama das Reich der Mitte und werden bei ihrer Ankunft am Bahnhof von Beijing im September 1954 von Zhou Enlai (rechts) empfangen. Drei Jahre zuvor war die Rote Armee in Tibet einmarschiert und hatte das Land besetzt.

Tashi abgesetzt hatte, ohne Nachfolger zu ernennen, zeigten sich die immer fester im Sattel sitzenden chinesischen Vertreter in Lhasa wieder freundlicher. Schließlich lud man den Dalai Lama 1954 sogar zu einer ausgedehnten Reise durch China ein, die beinahe ein Jahr dauern würde. Er sollte sich ein Bild von den Errungenschaften des «Neuen China» machen dürfen, führende Parteikader kennenlernen und eine Delegation von zehn Tibetern anführen, die als Vertretung Tibets an der Tagung der chinesischen Nationalversammlung teilnehmen sollte, welche eine Verfassung ausarbeiten wollte. Er muss sich gefreut haben auf diese erste Auslandsreise, so viel würde zu erleben sein: zum ersten Mal in einem Flugzeug fliegen, zum ersten Mal in einem Zug fahren. Etwas von der Welt sehen. Viele Menschen kennenlernen, die ihn höflich, aber wie einen Menschen und nicht als göttliche Erscheinung behandeln. Mit von der Partie waren neben den offiziellen Begleitern auch seine Mutter, sein jüngster Bruder Tendzin Chögyal und der damals sechzehnjährige Panchen Lama, der unter chinesischem Einfluss aufgewachsen war und von dem kolportiert wurde, er habe schon als Kind prokommunistische Briefe an Mao verfasst.

Der junge Dalai Lama war bei ihrer ersten Begegnung spontan angetan von Mao, den er für einen bemerkenswerten Mann hielt, er spürte, *welche Macht seine Persönlichkeit ausstrahlte*[86]. Einschätzen konnte er ihn gleichwohl nur schwer. Was sollte er auch anfangen mit der en passant fallengelassenen Bemerkung Maos, *der Buddhismus sei doch eine recht gute Religion, und Buddha habe, obwohl er ein Prinz gewesen sei, sich viel mit der Frage befaßt, wie man die Lebensbedingungen des Volkes verbessern könne*[87]. Dies ließ sich doch beinahe als Lob verstehen … Dass Mao ihn aber bei einer anderen Begegnung darauf hinwies, dass Religion selbstverständlich Gift sei, verwirrte den unerfahrenen Dalai Lama beträchtlich. *Was wollte er damit sagen? […] Natürlich war mir klar, daß er ein erbitterter Feind der Religion sein mußte; mir jedoch war er aufrichtig freundschaftlich und herzlich gesinnt.*[88] Später betrachtet er das klassische Marx'sche Diktum weniger irritiert: *Wenn wir einen Blick in die Geschichte werfen, müssen wir zu unserem Erschrecken feststellen, daß viele Religionen zu Institutionen erstarrt sind. Entweder wird zum Unterhalt der Institution Geld benötigt oder bereichern sich einzelne Personen im Namen der Religion.*[89]

Was aber der chinesische Kommunismus für Tibet bedeuten würde, konnte der Neunzehnjährige während seiner Reise kaum ahnen. Natürlich hatte ihm die chinesische Führung das Neue China nur selektiv gezeigt. Natürlich musste ihn als reformwilligen Herrscher die Verbesserung der allgemeinen Lebensbedingungen und als technikbegeisterten Tüftler der bereits erzielte technische Fortschritt im Vergleich zum vorindustriellen Tibet nachhaltig beeindrucken. Selbst als er schon zwanzig Jahre im Exil lebt, wird er noch anerkennen, dass China *seit der kommunistischen Machtübernahme große Fortschritte gemacht hat und die Kommunisten in Tibet sogar viele Änderungen erreicht haben, die notwendig waren und von uns vielleicht nicht hätten durchgeführt werden können. Aber um welchen Preis und unter welchen Opfern haben sie das erreicht!*[90] Auch einige grundsätzliche Ideen des Marxismus, wie man sie ihm damals präsentiert haben mag, sprachen und sprechen sein natürliches Gerechtigkeitsempfinden an: *Ich bewundere gewisse Aspekte des Marxismus nach wie vor […], weil der Kapitalismus sich nur dafür interessiert, wie die Produktion erhöht und der Gewinn maximiert, also Geld gemacht werden kann. […] Die marxistische Wirtschaftstheorie dagegen versucht in erster Linie, eine gerechte Verteilung zu gewährleisten, und richtet ihre Aufmerksamkeit auf die weniger privilegierten Menschen.*[91] Seine Schlussfolgerung daher: *Der Kommunismus erscheint mir manchmal gerechter als die Demokratie.*[92] Solchen Gedankengängen, wonach der Kommunismus sogar den von seinen Auswüchsen heftig gebeutelten Tibetern tatsächlich von Nutzen sein könnte, würden jedoch die wenigsten seiner Schutzbefohlenen folgen. «Der Dalai Lama ist in seinem Denken sehr liberal, zu liberal […] für die breite Masse der Tibeter» [93], meint denn auch sein Privatsekretär Tenzin Geyche.

Bei einem Empfang im November 1954 stellte Zhou Enlai dem Dalai Lama auch Nehru vor, der gerade in China zu Gast war. *Er lächelte, sagte aber nur, daß es ihn freue, mich kennengelernt zu haben. Es waren dies die einzigen Worte, die ich in China mit ihm wechselte.*[94] Man kann mutmaßen, dass es Nehru recht unangenehm gewesen sein muss, dem Dalai Lama hier zum ersten Mal zu begegnen, schließlich hatte die indische Regierung erst im April 1954 das sogenannte Pancha-Shila-Abkommen über friedliche Koexistenz mit China geschlossen. Es enthielt die wechselseitige Verpflichtung, sich nicht in interne Belange seines Nachbarn einzumischen. Indien besiegelte damit indirekt, nicht zugunsten Tibets einzugreifen, da dies als «innerchinesische Angelegenheit» betrachtet wurde.

Der Dalai Lama scheint damals nichts davon gewusst zu haben. Dass der Neunzehnjährige, unerfahren in internationaler Politik und ein Menschenfreund von Grund auf, gewillt war, dem ihm zuvorkommend begegnenden über sechzigjährigen Mao zu vertrauen, ist angesichts seines bisherigen Lebens nachvollziehbar. So erinnert er sich: *Nach verschiedenen Treffen mit dem Vorsitzenden Mao hatte ich den Eindruck, daß er die Zukunft Tibets*

Der Dalai Lama predigt vor Mönchen und Laien im Lamatempel von Beijing, 5. Oktober 1954.

klar sah. Ich hatte wirklich das Gefühl, daß es möglich wäre, Tibet mit Hilfe der kommunistischen Regierung Chinas im materiellen Sinn zu fördern.[95] Beinahe ein Jahr nach seinem Aufbruch kehrte der Dalai Lama im Spätfrühling 1955 zuversichtlicher und überzeugter nach Tibet zurück, in dem Glauben, Mao meine es ernst damit, dass, *solange wir arm und rückständig seien, China uns helfen würde; daß wir aber nach zwanzig Jahren in der Lage sein würden, ihnen zu helfen, und daß die in Tibet stationierten chinesischen Truppen zurückgezogen werden würden, wenn die Tibeter auf eigenen Füßen stehen könnten*[96]. Doch bis heute ist es den Chinesen nicht gelungen, Tibet, die ärmste ihrer Regionen, wirtschaftlich zu entwickeln.

In der Abwesenheit des jungen Staatsoberhaupts hatte sich die Lage in Tibet dramatisch zugespitzt. Das tibetische Kernland litt unter Nahrungsmittelknappheit, da die vielen chinesischen Soldaten zu versorgen waren. Osttibet jedoch, die Regionen Amdo und Kham, gehörte offiziell zu chinesischen Provinzen und wurde deshalb den in ganz China durchgeführten «demokratischen Reformen» und der «sozialistischen Transformation der Landwirtschaft» unterworfen. Das Gebiet war damit bereits Opfer von Zwangsenteignungen, Kollektivierungen und Indoktrinationen, von immer brutalerer Unterdrückung der Religion, erzwungenem Klassenkampf und Vergeltungsmaßnahmen gegenüber «Konterrevolutionären». In dieser Region sollte es als Erstes zu bewaffneten Aufständen tibetischer Rebellen kommen. Und aus diesen Provinzen stammen auch die meisten Berichte über chinesische Gräueltaten der tibetischen Bevölkerung gegenüber. Zudem wurden hier auch recht früh in großem Umfang ethnische Han-Chinesen angesiedelt. Mao versuchte den Expansionsdrang dem Dalai Lama gegenüber dreist als Tauschhandel zu verkaufen: *Im Laufe unserer Unterhaltung sagte man mir: «Da ihr Tibeter über ein riesiges Territorium verfügt und wir Chinesen über eine sehr hohe Bevölkerungszahl, wäre es gut, wenn wir da an einen Austausch dächten.»* [97]

Der chinesische Ministerpräsident Chen Yi (mit Kappe), Leiter einer chinesischen Delegation, schreitet im Mai 1956 mit dem Dalai Lama (zu seiner Rechten) und dem Panchen Lama eine Ehrenformation des tibetischen Militärs ab.

Auch die Einsetzung des «Vorbereitenden Komitees für die Autonome Region Tibet» (PCTAR), das die Umwandlung Tibets in eine chinesische Provinz mit neuen Regierungs- und Verwaltungsstrukturen einleiten sollte, konnte der Dalai Lama nicht verhindern. Eine gewisse regionale Autonomie wollte man manchen der «nationalen Minderheiten» gewähren, die Anbindung an China lediglich im Rahmen einer Föderation jedoch nicht. Nicht unverständlich angesichts der Sicherheitsinteressen Chinas: Keine Grenzregion durfte die Möglichkeit zur rechtmäßigen Trennung von China haben. Man war (und ist) sich bewusst, dass sich im Fall einer freien Wahl nicht nur die Tibeter, sondern auch die muslimischen Uiguren Xinjiangs sowie die Mongolen der Inneren Mongolei für eine Loslösung entscheiden würden. China würde auf einen Schlag zwar nur weniger als sieben Prozent seiner Einwohner, aber über die Hälfte seines Territoriums verlieren. Aber Tibet eine Provinz Chinas? Das tibetische Volk war kurz vor dem Aufstand. Nun zeigte sich das Dilemma der Doppelrolle des Dalai Lamas: Weil er als buddhistisches Oberhaupt Gewalt vermeiden wollte und kooperierte, drohte ihm als weltlichem Führer Autoritätsverlust, *aber selbst wenn das Volk sein Vertrauen zu mir als weltlichem Oberhaupt verlor, durfte es doch nicht seinen Glauben an mich als geistliches Oberhaupt verlieren. Und das war viel wichtiger. Ich konnte mein weltliches Amt einem anderen übertragen – aber der Dalai Lama als geistliches Oberhaupt durfte nicht abdanken, und ich dachte auch im Traum nicht daran.*[98]

Indienreise: Der Geburtstag des Buddhas

Während im Osten Tibets ab 1956 offene Kämpfe tobten, erste Flüchtlinge von dort Richtung Lhasa zogen und auch in Zentraltibet die allgemeine Lage recht düster war, erhellte ein Lichtblick das Leben des Dalai Lamas. Er erhielt eine Einladung, an den im Spätjahr 1956 stattfindenden Feiern zum 2500sten Geburtstag des Buddhas teilzunehmen. Zum ersten Mal würde er nach Indien reisen, zu den Orten, an denen der historische Buddha gelehrt hatte. Zu seinem Erstaunen erhielt der Dalai Lama eine Reiseerlaubnis von den Chinesen – unter der Bedingung, mit dem Panchen Lama gemeinsam zu reisen. Am 10. Dezember 1956 trafen die beiden hohen Lamas in Neu-Delhi ein – am selben

Ende 1956 besucht der Dalai Lama mit dem hinter ihm reitenden Panchen Lama Indien und seine buddhistischen Heiligtümer.

Tag, als Zhou Enlai anlässlich seines gleichzeitigen Besuchs in Indien einräumte, dass es in Tibet bewaffnete Zusammenstöße gebe. Premierminister Nehru, seine Tochter Indira Gandhi und der Vizepräsident Sarvepalli Radhakrishnan nahmen die beiden Lamas in Empfang. Man besuchte das Rajghat, wo Mohandas Karamchand «Mahatma» Gandhi neun Jahre zuvor eingeäschert worden war. Dessen gewaltlosen Freiheitskampf hatte der Dalai Lama sich zum Vorbild genommen.

Diese Indienreise bot in der Tat einen willkommenen Anlass, der allzu bedrohlichen Gegenwart in der Heimat zu entfliehen. Es sollte eine Reise werden, die für den Dalai Lama in beide Richtungen der Zeit wies: in seine Zukunft und seine Vergangenheit. Der personifizierte tibetische Buddhismus stieg erstmals vom Dach der Welt herab und zeigte sich anlässlich der Geburtstagsfeier des Buddhas den buddhistischen Gästen aus aller Welt, diskutierte mit ihnen, lehrte seine Religion. Zweieinhalb Jahre später wird er in Indien um Asyl nachsuchen. Man könnte seine Reise als erstes Sichtbarwerden des tibetischen Buddhismus und des Dalai Lamas vor den Augen der Weltöffentlichkeit betrachten, die den bekanntesten tibetischen Buddhisten nur einige Jahrzehnte später als den «weisesten lebenden Menschen» apostrophieren wird. Andererseits war dies auch eine religiöse Reise in die Vergangenheit, eine Pilgerfahrt zu den Wurzeln. *In kultureller Hinsicht sind wir Tibeter Schüler Indiens, es ist unser Guru, wir sind seine Schüler.*[99]

Fast zweieinhalbtausend Jahre waren vergangen, seit der Begründer des Buddhismus, Prinz Siddharta Gautama, im Alter von 29 Jahren seine Familie, den Clan der Shakyas, verlassen hatte und in die «Hauslosigkeit» gezogen war. Nach sechs Jahren der Askese und Meditation erlangte er unter einem Baum in Bodhgaya die vollkommene Erleuchtung, das geistige «Erwachen»: Bodhi. *Mein Besuch in Bodh Gaya wurde für mich zu einer Quelle tiefer Inspiration. […] Von frühester Kindheit an hatte ich an diesen Besuch gedacht und von ihm geträumt […] und mit aller Macht packte mich das Wissen von göttlicher Kraft, die in einem jeden von uns wohnt.*[100] Von Bodhgaya aus zog der historische Buddha Shakyamuni fast 45 Jahre lang durch Nordindien. Vor einer schnell

Während seiner Indienreise 1956 trifft der Dalai Lama mehrfach Jawaharlal Nehru (Mitte). Auch Zhou Enlai (links) weilt zu dieser Zeit in Indien. Eine erste Bitte des Dalai Lamas um Asyl weist Nehru ab.

wachsenden Anhängerschaft legte er seine Lehre («Dharma») dar, wie die Lebewesen sich aus ihrer Verstrickung in den Daseinskreislauf befreien können, wie sie das leidhafte Immer-wieder-geboren-Werden zum Verlöschen bringen können, um am Ende Nirvana zu erlangen. Es sollte jedoch Jahrhunderte dauern, bis die Lehren des Buddhas ihren Weg über die Berge bis nach Tibet fanden. Der historische Buddha Shakyamuni war als Mensch schon längst Geschichte, nicht mehr greifbar, und während er in den älteren Schulen als ein noch sehr menschlicher Lehrer erscheint, entwickelte er sich in der vor etwa zweitausend Jahren entstehenden Tradition des Mahayana, der in Tibet und Ostasien vorherrschenden Ausprägung des Buddhismus, zu einem transzendenten Wesen, das umgeben ist von einem Pantheon unzähliger anderer Buddhas und Bodhisattvas. Maßgeblichen Einfluss auf die Entwicklung des Mahayana hatte die wohl Ende des 1. Jahrhunderts nach Christus entstandene Prajñaparamita-Literatur, mit der der Dalai Lama bereits als Zwölfjähriger konfrontiert worden war – wir erinnern uns: ein Stein mitten auf die Stirn. Neu ist daran insbesondere das Bodhisattva-Ideal: Der Bodhisattva gelobt, nicht sich allein, sondern alle Lebewesen zu retten. Um sie auf seiner spirituellen Reise mitnehmen zu können, bedarf es des Mahayana, des «Großen Fahrzeugs». Wer dagegen nur an sein eigenes Heil denkt, nur sich selbst ans rettende Ufer bringen will, der benutzt als Gefährt das Hinayana, das «Kleine Fahrzeug», wie die älteren Schulen vom Mahayana etwas herablassend genannt werden.

Zweite Neuerung der Prajñaparamita-Sutras, der «Lehrreden von der Vollkommenheit der Weisheit», ist, dass das Konzept der absoluten Leere oder Leerheit («Shunyata»), die alle Phänomene durchdringt, besondere Bedeutung erhält. *In den Weisheitssutras lehrte der Buddha einen einzigartigen Pfad zur Erleuchtung, der auf einer tiefen Einsicht in die Leerheit, die eigentliche Bestehensweise aller Phänomene, beruht. Diese Einsicht wird auf der Grundlage eines universellen Mitgefühls und des Erleuchtungsgeistes herausgebildet, also des altruistischen Strebens nach vollkommener Erleuchtung zum Wohl aller Lebewesen.*[101]

Auch das «Kleine Fahrzeug» hatte statt eines dauerhaften, unabhängigen Wesenskerns der Dinge überall nur Unbeständigkeit und Abhängigkeit finden können, doch war das «Große Fahrzeug» ungleich radikaler und leugnete, da, wo das Hinayana zumindest noch leere Gefäße sah, auch die Gefäße. *Die Leerheit ist die Abwesenheit von inhärenter Existenz in allen Phänomenen*[102], formuliert es der Dalai Lama knapp und prägnant. Daraus ergeben sich beunruhigende Widersprüche für einen Bodhisattva, der gelobt, alle Wesen zu retten, aber weiß, dass, von der Warte der «höchsten Wahrheit» («Paramarthasatya») aus betrachtet, diese nicht gerettet werden können, weil sie, nur konventionelle Erscheinungen sind. Zwar existieren sie, vom alltäglichen Standpunkt einer «relativen Wahrheit» («Samvrtisatya») aus betrachtet, entbehren aber dennoch jeglicher absoluten, ewigen Existenz. Gleiches gilt auch für den Bodhisattva, der, absolut betrachtet, nichts als leer ist.

Wem hat der Dalai Lama diesen metaphysischen Stein mitten auf die Stirn zu verdanken? Nun, indirekt den Chinesen, könnte man sagen: In China waren bereits vor etwa zweitausend Jahren buddhistische Texte aus dem Sanskrit ins Chinesische übersetzt worden. Die Blütezeit des chinesischen Buddhismus lag wohl zwischen dem 6. und 10. Jahrhundert, als China der Welt fünf große buddhistische Schultraditionen schenkte – darunter den Zen-Buddhismus[103] – und Tibet eine buddhistische Prinzessin namens Wen Cheng. Der Buddhismus sollte in Tibet also zunächst eine rein höfische Religion werden. Der tibetische König Songtsen Gampo (etwa 618–650) hatte aus politischen Gründen zwei Prinzessinnen geheiratet, die nepalesische Königstochter Bhrikuti und ebenjene Wen Cheng, die Tochter des chinesischen Taizong-Kaisers (regierte 626–649) aus der Tang-Dynastie. Beide waren Buddhistinnen, beide brachten erste Buddhastatuen mit nach Tibet und bekehrten erfolgreich ihren Gatten und sein Gefolge. *Der Buddhismus blieb jedoch auf diesen kleinen Zirkel beschränkt, denn es gab für eine Ausbreitung in Tibet damals weder die geeigneten Lehrer noch überhaupt ein Publikum.*[104] Hundert Jahre später ließ der nächste der drei sogenannten Religionskönige, Trisong Detsen (ca. 740–798), zur wirksamen Verbreitung des Buddhismus unter dem tibetischen Volk zwei indische Meister rufen: zuerst den berühmten Gelehrten Shantarakshita, dessen Erfolg sich in Grenzen hielt, dann den tantrischen Meister Padmasambhava. Diesem traute man eher als dem reinen Akademiker Shantarakshita magische Fähigkeiten zu, um so gewappnet mit den alten Göttern und Dämonen der damals in Tibet vorherrschenden Bön-Religion (und vor allem mit deren Anhängern) fertigzuwerden. Dies gelang, und mit der Einweihung des ersten buddhistischen Klosters Samye im Jahr 775 wurde der Buddhismus in Tibet heimisch.

Nun können Neukonvertierte zuweilen zu Übereifer neigen, und so war es auch mit Ralpachen, dem dritten Religionskönig (regierte 815–836). Er erwies sich als derart frommer Buddhist, dass er zwar für die Förderung seiner Religion Unsummen ausgab, seine alltäglichen Regierungsgeschäfte jedoch völlig vernachlässigte. Der Widerstand gegen seinen Regierungsstil gipfelte schließlich in seiner Ermordung. Sein dem Bön zugetaner Nachfolger Langdarma (regierte 838–842) hingegen verfolgte die Buddhisten mit aller Härte, zerstörte Klöster und Schriften – die erste Ausbreitung des Buddhismus fand ein Ende. Nur wenige Mönche konnten sich in den Osten nach Amdo flüchten.

Erst zweihundert Jahre später wagte Tibet einen Neuanfang und lud etwa um 1043 Atisha (980/90–1055) nach Tibet ein. Atisha war zuvor Lehrer an einer der großen indischen Klosteruniversitäten gewesen. Obwohl ein Gelehrter wie Shantarakshita, glückte ihm die erneute «Buddhisierung» Tibets, zudem begründete er die Kadampa-Schule, die als Vorläufer der Gelugpa gelten kann. Der Buddhismus begann also ein zweites Mal in Tibet Wurzeln zu schlagen. Hilfreich war dabei, dass diese höchst anpassungsfähige Religion sich in jeder Gegend, in die sie gelangt, stark regional einfärbt. Die alten Gottheiten der damals vorherrschenden schamanistischen Bön-Religion wurden nicht abgeschafft, sondern in einer Art «freundlicher Übernahme» assimiliert, indem der Buddhismus etwa Dämonen, Berggötter oder Windgeister in Beschützer der buddhistischen Lehre umwandelte oder zu personifizierten Sonderaspekten bestimmter Bodhisattvas deklarierte und so recht elegant in das buddhistische Universum integrierte.

Tsonghkapa

Der «Mann aus dem Zwiebeltal» wird in Tibet als Reformator und großer Gelehrter verehrt. Seine Interpretation der Lehren des tibetischen Kanons fasste er in den Hauptwerken «Lamrim Chenmo», also die «Große Darlegung der Stufen des Weges», und «Ngagrim Chenmo», die «Große Darlegung des Geheimen Mantra», zusammen. Seine insgesamt achtzehn Bände umfassenden Schriften werden von seinen Schülern als Meditationshandbücher verwendet. In der von ihm begründeten Gelugpa, «Schule der Tugendhaften», wird besonders viel Wert auf Disziplin und Gelehrsamkeit gelegt. Auf ihn gehen die Großklöster Drepung, Sera und Ganden zurück. Zuweilen hört man wegen der Farbe ihrer zeremoniellen Kopfbedeckungen für seine Tradition auch die Bezeichnung «Gelbmützenschule».

Bald nach Atisha verzweigte sich der tibetische Buddhismus in verschiedene, jedoch immer noch verwandte Traditionslinien, die zu einer jeweils eigenen Synthese buddhistischer philosophischer Theorie und praktischer Umsetzung in Meditationstechniken gelangt waren. Vier davon sind heute noch lebendig: Nyingma, die noch auf die erste Ausbreitung des Buddhismus zurückgeht, Sakya, Gelug und Kagyü. *Es ist ein großer Fehler zu behaupten, eine dieser Schulen sei den anderen übergeordnet. Sie folgen allesamt demselben Meister, dem Buddha Shakyamuni*[105], so der Dalai Lama, der urteilt, den Unterschieden zwischen den Traditionen werde übertriebene Bedeutung beigemessen. *Der Vorteil eines nichtsektiererischen Denkens liegt darin, daß man zu einem besseren Verständnis der verschiedenen Unterweisungen gelangt, wenn man die Übermittlung der Lehren, Initiationen und Erläuterungen von verschiedenen Traditionen erhält. Aus eigener Erfahrung weiß ich, wie außerordentlich nützlich dies ist.*[106] Allerdings haben diese Aussagen auch eine politische Komponente. Will der Dalai Lama im Namen des gesamten tibetischen Buddhismus und für alle Tibeter sprechen, muss er versuchen, über den Schultraditionen zu stehen. *Wenn ich bei mir zu Hause bin, dann ist es ganz und gar meine Sache, welcher Art von religiöser Praxis oder Tradition ich folge. Bin ich jedoch im Amt, dann glaube und handle ich so, als gehörte ich keiner bestimmten Sekte oder Tradition an. Es gibt hier also so etwas wie eine Trennung.*[107] Hauptsache ist also: Die buddhistischen Fahrzeuge Tibets funktionieren und (be)fördern ihre Passagiere auf deren keineswegs leicht zu beschreitendem spirituellen Pfad. Um sich dessen Komplexität vor Augen zu führen, genügt es, nur einige Aspekte der zehn verschiedenen Stufen auf dem Weg zu spiritueller Vervollkommnung zu betrachten, die ein Bodhisattva – wie etwa der Dalai Lama – nach den Lehren des Mahayana durchlaufen sollte: Zunächst soll er aus dem Wunsch, allen Wesen zu helfen, Erleuchtungsgeist («Bodhicitta») erzeugen. Sein Versprechen an die Welt lautet: «Solange der Raum existiert und solange es Wanderer in zyklischen Existenzen gibt, möge ich bleiben – ihr Leiden beseitigen.» *Ich habe diesen Wunsch in diesem Leben, und ich weiß, ich hatte diesen Wunsch in vergangenen Lebenszeiten*[108], bekräftigt Tendzin Gyatso das Gelübde. Also übt er, sich von allen egoistischen Gedanken zu befreien und die wesenhafte Leerheit des Ichs zu erkennen. Er bemüht sich um eine ethische Lebensweise, zu der es gehört, nicht zu töten, zu stehlen, unkeusch zu sein, zu lügen, Rauschmittel zu konsumieren, zu neiden oder übelzuwollen. Zudem praktiziert er geistige Sammlung («Samadhi») und Versenkung («Dhyana»). Ziel ist es, unmittelbare Einsicht in die unvermeidliche Vergänglichkeit des Daseins zu erlangen. Er sucht sich von den drei Grundübeln Gier, Hass und Verblendung zu befreien und gutes Karma anzusammeln, welches er auf andere übertragen kann, um deren Los zu erleichtern.

Eine große Aufgabe – für den Dalai Lama wie jeden anderen Bodhisattva. Um all dies verwirklichen zu können, braucht es mehr als nur die Lektüre allgemein zugänglicher Sutras, es bedarf insbesondere ausgefeilter Techniken, um spirituelle Erfahrungen zu erlangen. In Tibet leistet dies das aus dem Mahayana entstandene Vajrayana, das «Diamantfahrzeug», das sich durch sein ausgefeiltes Ritualwesen auszeichnet und die Wichtigkeit von spirituellen Lehrern betont. Sein buddhistisches Gedankengut hat es um Elemente aus dem Yoga, aus dem Bereich der von Dämonen durchdrungenen Volksreligion Bön und aus nordostindischen Sexualkulten erweitert. Da die Wissensübertragung in dieser Tradition oft «esoterisch», also geheim, verläuft, ist die Initiation durch einen spirituellen Meister das Tor zum Tantra. Mit «Tantra» werden im tibetischen Buddhismus verschiedene Arten von Texten und Meditationssystemen bezeichnet. Tantras können nicht einfach gelesen werden, sie wollen entziffert und entschlüsselt sein. Ohne auslegende Hilfe eines Meisters ist das Studium nicht möglich, da sie neben den wörtlichen auch verborgene Bedeutungen enthalten. Symbole, Rituale und meditative Visualisierungen werden in der spirituellen Praxis verbunden, um das Bewusstsein des Übenden zu transformieren und die buddhistischen Theorien in konkrete und erlebbare Erfahrungen umzusetzen. Da jedoch nicht alle Schüler über das gleiche geistige Potenzial verfügen, sondern *verschiedenartige Veranlagungen mit unterschiedlichen Interessen, Intelligenzgraden und Fähigkeiten*[109] haben, bedarf es unterschiedlicher Herangehensweisen. Man unterscheidet daher vier Tantraklassen. Die Methoden der niedrigsten Klasse zielen auf Schüler, denen geistige Sammlung und Visualisierungen schwerfallen. Ihre religiöse Praxis wird von körperlichen rituellen Handlungen bestimmt, etwa Opfergaben darbringen oder Mantras rezitieren. Für Fortgeschrittene gibt es Methoden, mit denen man *in der Meditation den Geist punktförmig auf bestimmte lebenswichtige Zentren im Körper richten und diese dann geistig durchdringen kann; so erlangt man Besondere Einsicht durch eine vorwiegend konzentrative Meditation*[110]. Erfolgreich ausführen kann solche tantrischen Übungen nur, wer über eine solide buddhistische Grundlage auf dem Fundament der Lehrinhalte der Sutras verfügt.

Die Flucht

Drei Monate hatte der Ausflug in die Freiheit des buddhistischen Mutterlandes Indien gedauert, dann war es Zeit heimzukehren. Während der Abwesenheit des Dalai Lamas hatte sich die Lage in Tibet rapide verschlechtert. Rebellen, besonders in Kham und Amdo, kämpften offen gegen die chinesischen Besatzer und die aufgezwungenen Reformen. Die Chinesen reagierten in einem halbherzigen Versuch, den Volkszorn zu beschwichtigen, mit dem Abzug eines Teils der chinesischen Zivilbevölkerung und dem Versprechen, die Reformen auszusetzen, da – so die offizielle, geschönte Begründung – die Masse der Tibeter nicht enthusiastisch genug auf die Reformen eingehe. Diese kleine Geste kam zu spät, bewirkte sogar das Gegenteil: Die Revolte erhielt weiteren Zulauf und breitete sich nach Zentraltibet aus. Unterstützt wurde sie nun von der neuen «Nationalen Freiwilligen Verteidigungsarmee» («Tensung Dhanglang Magar») Tibets, einer Vereinigung der beiden Widerstandsgruppen «Mimang» und «Chushi Gangdruk». Bis zum Herbst 1958 wuchs ihre Truppenstärke auf etwa 80 000 Mann an, und sie kontrollierte den größten Teil Südtibets und Teile Osttibets. Aber selbst das war zu wenig, China hatte in der Zwischenzeit knapp doppelt so viele, ungleich besser ausgerüstete Soldaten nach Tibet gebracht.[111] Und der erste Mann im Staat? *Ich dachte noch oft an meinen Besuch in Rajghat und fragte mich stets von neuem, welchen Rat mir wohl Mahatma Gandhi angesichts dieser veränderten Umstände gegeben hätte. Würde er mir noch zur Gewaltlosigkeit raten?* Er gab sich selbst die Antwort: *So groß auch die Gewalt war, die man uns antat – niemals konnte es rechtens sein, mit Gewalt zu antworten.*[112] Pazifismus war aber das Letzte, was sein Volk während dieser Zeit des offenen Kampfes gepredigt haben wollte. Solche Botschaften des Dalai Lamas kamen allseits schlecht an: Weder wollten die aufständischen Khampas aus Osttibet die Waffen niederlegen, noch waren die chinesischen Generäle in Lhasa erfreut zu hören, er werde bestimmt nicht die tibetische Armee gegen die Khampas aussenden. Die Lage eskalierte weiter, und im März 1959 brach auch in der Hauptstadt Lhasa die offene Revolte aus. Und während sein Land kämpfte, musste der dreiundzwanzigjährige Dalai Lama versuchen, sich von der Außenwelt abzuschirmen. Schließlich stand ihm die Prüfung zum buddhistischen Doktortitel bevor, den er am 1. März 1959 auch erhielt. *Denn selbstverständlich hatte während all der unglückseligen politischen Ereignisse meine religiöse Erziehung ihren Fortgang genommen. Sie interessierte mich auch immer noch am meisten; am liebsten hätte ich überhaupt in Frieden meine religiösen Studien fortgesetzt*[113], gibt er offen zu.

Umfassende Gelehrtheit, die Fähigkeit zu analytischem Denken und dialektischer Debatte gelten in der Gelugpa-Tradition als Bedingungen erfolgreicher meditativer Praxis. Gewöhnlich dauert ein Studium, das mit dem höchsten Titel, dem «Geshe Lharampa», abgeschlossen wird, bis zu zwanzig Jahre. Der Prüfling wird mündlich examiniert und muss die unterschiedlichsten philosophischen Positionen aus dem Stegreif darstellen und verteidigen können. Tendzin Gyatsos nervliche Anspannung, sein Hin-und-her-gerissen-Sein zwischen Politik und Prüfungen, muss ungeheuer gewesen sein. Noch am Vorabend der Abschlussprüfung besuchten ihn unangemeldet zwei niedrigrangige chinesische Offiziere: Er solle einen Zeitpunkt angeben, an dem er an einer Theateraufführung im chinesischen Truppenlager teilnehmen könne. Die Einladung weckte sein Misstrauen; er verschob die Antwort bis nach den Prüfungen. Er bestand sie ausgezeichnet und kehrte mit den höchsten akademischen Weihen am 5. März 1959 in einer prachtvollen Prozession in seiner gelb verhangenen Sänfte vom Jokhang-Tempel in den Norbulingka zurück. Diese feierliche Heimkehr beendete eine Ära: Es war der letzte Prunkzug eines Dalai Lamas im alten Tibet.

Wie schon 1951 schien sich das Rad der Zeit schneller zu drehen: *Ich habe es noch deutlich vor Augen. [...] Es war etwa zehn Uhr vormittags. Der Himmel war ungewöhnlich blau, und die Sonne schien sehr hell. Ich weiß noch, dass ich ganz langsam zu Herrn Phala [dem Kanzler] sagte, dass dieser Tag, dieser 10. März, vielleicht ein Markstein der tibetischen Geschichte werden würde.*[114] An diesem

Tag begannen in Lhasa Massendemonstrationen. Vor seinem Sommerpalast hatten 15000 Tibeter Stellung bezogen; sie wollten verhindern, dass ihr Oberhaupt allein und ohne bewaffnete Eskorte die chinesische Theatereinladung wahrnahm. Man fürchtete, der Dalai Lama solle entführt, gar ermordet werden. Es brodelte in Lhasa, und in den nächsten Tagen forderten die tibetischen Massen die Chinesen lautstark auf, Tibet zu verlassen. Tibetische Regierungsbeamte verlasen Erklärungen: Das «17-Punkte-Abkommen» sei nichtig und Tibet vollkommen unabhängig. Prompt marschierten in Sichtweite des Norbulingka am 15. März chinesische Soldaten auf. Der Dalai Lama tauschte derweil Hinhaltenoten mit dem chinesischen General Dan Guansan aus.

Am 16. März erhielt der neue Doktor der Metaphysik nicht nur Post von General Dan, sondern auch einen Brief von Ngabö, der vielen in Tibet als eifrigster aller Kollaborateure galt, selbst aber überzeugt schien, sein Heimatland nur vor noch größeren Übeln zu bewahren. Er schrieb: «Wenn Euer Heiligkeit mit ein paar zuverlässigen Offizieren der Leibwache innerhalb der inneren Mauer [des Norbulingka] bleiben und sich dort halten können und wenn Sie dann General Tang Kuansen genau mitteilen, welches Gebäude Sie besetzt halten, werden die Chinesen sicherlich darauf achten, daß dieses Gebäude nicht beschädigt wird.»[115] Der General plante also ernstlich, den menschlichen Schutzwall wie den Palast dahinter unter Beschuss zu nehmen. Der Dalai Lama schwebte in Gefahr: *Ich kenne keine Furcht vor dem Tod. Ich hatte auch keine Angst, ein*

Brief des Dalai Lamas an General Dan Guasan, 11. März 1959

«Lieber Kamerad,
Politkommissar Tan,
ich hatte beschlossen, gestern zum Kommandobereich des Militärlagers zu kommen, um die Theateraufführung anzusehen, aber ich war dazu nicht in der Lage, wegen einer Blockade durch Menschen, [...] die von einigen wenigen bösen Elementen aufgestachelt worden waren und die Fakten nicht kannten. Dies hat mich in einen Zustand unbeschreiblicher Scham gebracht. [...] Reaktionäre, böse Elemente unternehmen Aktivitäten, die mich gefährden, unter dem Vorwand, meine Sicherheit zu beschützen. Ich unternehme Maßnahmen, um die Lage zu beruhigen. In einigen Tagen, wenn die Situation wieder stabil ist, werde ich Sie bestimmt treffen.»

Opfer des chinesischen Angriffs zu werden. Ich glaube ehrlich daran, daß meine strenge religiöse Erziehung mir genug Stärke verliehen hat, furchtlos dem Augenblick entgegenzusehen, in dem ich meinen gegenwärtigen Körper verlassen muß. [...] Aber ich wußte auch, daß mein Volk und meine Beamten diese Auffassung nicht zu teilen vermochten. Für sie war die Person des Dalai Lama ihr höchstes Gut.[116] Und weil er seinem Volk weit mehr als ein Mensch, weil er Tibet selbst war, durfte er nicht sterben. Am Nachmittag des 17. März, etwa gegen sechzehn Uhr, schlugen zwei chinesische Mörsergranaten in den Parkanlagen des Sommerpalasts ein. Noch in derselben Nacht flohen der Dalai Lama, seine Familie und die meisten seiner Minister in Richtung Indien. (Ngabö blieb als einer der wenigen hohen tibetischen Würdenträger zurück und trat eine erfolgreiche politische Laufbahn in der KPCh an.)

Die Mönchsrobe gegen eine Armeeuniform zu tauschen und sich im Schutz der Nacht in Sicherheit zu bringen fiel Tendzin Gyatso unendlich schwer. Doch es waren die Anweisung des hinzugezogenen Staatsorakels und die Erkenntnis, dass er nur lebendig seinem Volk würde Hoffnung geben können. Tendzin

Als Soldat verkleidet flieht der Dalai Lama (3. v. rechts) im März 1959 über den Himalaja ins Exil nach Indien.

Gyatsos Entkommen blieb drei Tage lang unentdeckt. Währenddessen beschoss die chinesische Volksbefreiungsarmee mit Granatwerfern die Umgebungsmauern des Sommerpalasts, bis die im Palast ausharrenden Mönche sich ergaben. Tausende Tibeter wurden im Lauf dieses Aufstands eingekerkert und – allein chinesischen Quellen zufolge (!) – mindestens 87 000 getötet.[117] Erst Monate später gewann die Volksbefreiungsarmee die Kontrolle über Südtibet, und noch eineinhalb Jahrzehnte dauerte es, bis der Widerstand schließlich ganz erlahmte.

Gleiches mit Gleichem vergeltend, widerrief nach dem Dalai Lama auch China das «17-Punkte-Abkommen», konfiszierte die Staats- und Klostergüter, schuf neue kommunistische Regierungsstrukturen. Am 28. März 1959 löste Premierminister Zhou Enlai die tibetische Regierung offiziell auf. Beide Parteien hatten verloren. Tibets Machtelite war es nicht gelungen, die Chinesen fernzuhalten oder eine autonome Nische innerhalb des chinesischen Machtbereichs zu schaffen. Die Chinesen verspielten durch die radikale Zerstörung der alten tibetischen Gesellschaft und ihrer Kultur die Möglichkeit, die Tibeter tatsächlich für sich zu gewinnen.

Die Überreste des tibetischen Staatsapparats, der Dalai Lama und seine kleine Gefolgschaft, zogen derweil unter dem Schutz von Khampa-Partisanen über die Berge, durch Schneetreiben, dann Sandstürme, dann wieder strömenden Regen, gen Indien. Die Strapazen der Reise waren groß, Kundün wurde krank, fieberte, konnte sich nicht mehr auf seinem Pferd halten. Man legte ihn auf den breiten Rücken eines zotteligen Dzomos, das ihn bis zur indischen Grenze trug. Das Überschreiten der Grenze hatte nichts Dramatisches. Das Land war auf beiden Seiten der Grenze öde und unbewohnt. *Ich sah es nur durch einen Nebel, denn ich war krank, erschöpft und unglücklich – viel unglücklicher, als ich es zu sagen vermag.*[118]

Indien
Exil

Hunderte und Tausende Berggipfel sind zu sehen. Da die Berggipfel meiner Heimat nicht zu sehen sind, sind entweder die Berggipfel zu hoch, oder meine Heimat ist zu weit entfernt», lautet ein tibetisches Nomadenlied.[119] Ob die Flüchtlinge auf ihrem Weg über den Himalaja ahnten, dass sie nicht zurückkehren sollten, sondern Indien ihre neue Heimat werden würde?

Mit einem Gefolge von rund neunzig Personen, darunter seine Mutter und die Geschwister Tsering Dölma und Tendzin Chögyal, zwei seiner Lehrer, der Oberste Kammerherr, der Zeremonienmeister, der Bekleidungsmeister und der Teemeister, hatte der Dalai Lama am 31. März 1959 den Grenzposten Chutamghu in der gesperrten nordöstlichen Grenzregion Assams passiert. Fünf Tagesreisen später erreichte er das größte buddhistische Kloster Indiens in Tawang. Schon nach kurzer Ruhepause ging es noch einige Tage weiter, über bis zu 5000 Meter hohe gefährliche Gebirgspässe, dann über vergleichsweise leichte Dreitausender, aus dem unzugänglichen Sperrgebiet heraus und hinab nach Tezpur. Tausende, Inder wie Tibeter, erwarteten dort den erschöpften Flüchtling. Unter ihnen waren auch sein Bruder Gyalo Dhöndup, sein ehemaliger Premier Lukhangwa, der bereits 1956 geflohen war, und Heinrich Harrer. Der 18. April 1959, ein sonniger, heißer Samstag, war damit der letzte Tag seiner Flucht und der erste Tag seines Lebens im Exil. Hier hieß ihn die indische Regierung offiziell willkommen. Hier erwarteten ihn neugierig an die hundert Korrespondenten der internationalen Presse. Und hier ließ er seine erste Erklärung zur Flucht verlesen, die – durchsetzt von Dankesbekundungen an Indien – deutlich die Handschrift seiner Gastgeber trägt. Weitere Kontakte zur Presse wurden von Indien strikt unterbunden. Am Nachmittag desselben Tages bestieg der Asylant Tendzin Gyatso

Das Ende der Flucht: Ankunft im indischen Tezpur am 18. April 1959. Im weißen Anzug P. N. Menon

Auch die Mutter und die Schwester Tsering Dölma waren bei der strapaziösen Flucht dabei (2. und 3. v. rechts), 18. April 1959.

einen Sonderzug Richtung Mussoorie, das die indische Regierung als vorläufiges Quartier ihres prominenten Schützlings ausgewählt hatte. Dort sollte er das kommende Jahr verbringen. Fast zeitgleich berichtete Zhou Enlai dem Nationalen Volkskongress in Beijing Erstaunliches: «Obwohl der Dalai Lama nach Indien entführt wurde, hoffen wir immer noch, daß er in der Lage sein wird, sich aus der Hand der Rebellen zu befreien und zum Mutterland heimzukehren.» [120]

Die entführte «Geisel» reiste derweil weitere drei Tage Richtung Westen. An den Gleisen und Bahnhöfen versammelten sich immer wieder Zehntausende Inder, die dem Dalai Lama ein langes Leben wünschten: *«Dalai Lama Zindabad!» An manchen Stellen mußten sogar die Schienen von der jubelnden Menge geräumt werden.*[121] Nach über 2000 Kilometern und nach über einem Monat, seit die Elite Tibets Lhasa verlassen hatte, fand die Flucht im Birla House in der ehemaligen britischen «Hill Station» Mussoorie ein Ende. Birla House war eine Idylle: ein zweistöckiges englisches Landhaus mit Blumen im Garten, weit unten in der Ebene glitzerte der Ganges, und im Hintergrund schimmerten schneebedeckte Gipfel. Störend waren allein der meterhohe Stacheldrahtzaun, der das Anwesen umgab, und die indische Sicherheitspolizei, die die nächsten zwei Monate alle Besucher, selbst Heinrich Harrer, geschickt vom unkontrollierten Zugang zu dem heiklen Hausgast fernhielt. Abgewiesene Journalisten sprachen daher sogar von «Konzentrationslager» und von dem nun ebenfalls im Birla House wohnenden P. N. Menon als «Lagerkommandant» und «Polizeihund».[122]

Für Premier Nehru war die Ankunft seines neuen Schützlings keine reine Freude. Er war eifrig bemüht, seine Gastfreundschaft als Folge eines uralten spirituellen und kulturellen Bandes und jede Hilfe für die Tibeter als rein humanitär darzustellen. Keinesfalls wollte er den Eindruck erwecken, er habe politisches Asyl gewährt. Schließlich hätte China ihm dies als Verletzung des «Pancha-Shila-Abkommens» von 1954, nämlich als Einmischung in innerstaatliche Belange, auslegen können. Für den Dalai Lama als Staatsoberhaupt im Exil hatte dies zur Folge, dass er sich politischer Betätigung enthalten musste, wollte er

Nehru und der Dalai Lama in Mussoorie im April 1959. Der Dalai Lama verbringt hier sein erstes Jahr des Exils, bevor er sich dauerhaft in Dharamsala niederlässt.

nicht die Gunst seines Gastgebers verlieren. Sicher schwappte durch Indien eine Welle der Sympathie mit den Tibetern, doch bemühte sich Nehru nach Kräften, die Weltöffentlichkeit davon allerhöchstens schwache Ausläufer bemerken zu lassen. Die Abschottungspolitik wurde freundlich verpackt: Nehru besuchte den Dalai Lama schon in den ersten Tagen in Mussoorie und riet ihm mit väterlicher Strenge, sich ausgiebig auszuruhen und nachzudenken – und machte unmissverständlich klar, dass Indien eine Exilregierung Tibets niemals anerkennen würde. Tatsächlich hat bis heute keine Regierung der Welt die Exilregierung des Dalai Lamas offiziell anerkannt. Aber dieser weiß zumindest seine Landsleute hinter sich: *Wo ich auch bin, begleitet von meiner Regierung, erkennt uns das [tibetische] Volk als Regierung von Tibet an.*[123]

Ruhe hätte der Dalai Lama nach der strapaziösen Flucht tatsächlich verdient, doch verlangte die indische Öffentlichkeit über alle Religionsgrenzen hinweg dringend nach dem Segen dieses neuen Heiligen und pilgerte in Scharen die steile Straße bergan zum Birla House. Jede Woche musste die Manifestation Chenrezigs von einer wackeligen Holzbühne im Garten aus «Darshan» gewähren, sich also den Tausenden spiritueller Touristen zeigen, die sich dann allein durch seinen Anblick gesegnet wussten. Seine Minister waren längst außer sich ob der vielen indischen Hände, die den «Kostbaren Sieger» zu berühren suchten, aber dieser selbst ergriff sie glücklich. Unvorstellbarer Protokollbruch in Tibet, aber für den Dalai Lama ein erster Schritt zu mehr Menschennähe. *In der Vergangenheit gab es zu viele Formalitäten, man konnte nicht sprechen, nicht einmal frei atmen*, kommentiert das Objekt der Begierde die neue Freiheit. *Ich hasse es, formal zu sein. Die neuen Umstände machten es für mich leichter, Dinge zu ändern. So gesehen war es tatsächlich nützlich, ein Flüchtling zu werden. Es brachte mich näher an die Wirklichkeit. Und es vertiefte auch mein religiöses Verständnis, besonders der Vergänglichkeit. Obwohl die Welt sich ständig wandelt, bemerkt man es nie. Dann plötzlich sind dein Heim, deine Freunde, dein Land alle verschwunden. Das zeigt, wie vergeblich es ist, an solchen Dingen zu hängen.*[124]

Nach zwei Monaten endete die angeblich selbst auferlegte Schweigeperiode des prominenten Flüchtlings. Nehru muss wohl auf zweierlei gehofft haben: zum einen, dass seine Abschottung des Dalai Lamas von der Presse dafür sorgen würde, dass die Nachrichtenebbe nach der «Jahrhundertflucht» die meisten internationalen Korrespondenten wieder abreisen ließe. Zum anderen, dass die Zeitverzögerung zwischen Flucht und offenem Appell an die Weltöffentlichkeit dafür sorgen könnte, dem Geschehen etwas von seiner Brisanz zu nehmen. Erst als am 20. Oktober 1962 China das von Nehru so aufmerksam gehütete «Pancha-Shila-Abkommen» verletzt, als plötzlich chinesische Truppen über den Himalaja auf indisches Territorium vordringen und Teile Ladakhs im Nordwesten sowie gesperrte Gebiete im Nordosten besetzen, wird Nehru aufwachen und seine Außenpolitik in den ihm verbleibenden beiden Lebensjahren korrigieren.

Nachdem er sich auf Nehrus Wunsch genügend ausgeruht und nachgedacht hatte, gab der Dalai Lama auf einer Pressekonferenz am 20. Juni 1959 eine sehr offene eigene Erklärung ab, in der er deutlichere Worte findet als in der ersten Stellungnahme in Tezpur: *Fast täglich hörte ich mit beklommenem Herzen von dem zunehmenden Todeskampf und von dem Kummer, von den Quälereien und Verfolgungen, von Deportation und Hinrichtung unschuldiger Menschen [in Tibet]. […] Ich möchte hier klarmachen, daß ich diese Erklärungen gegen die chinesischen Beamten in Tibet in voller Kenntnis ihrer Bedeutung ausspreche, weil ich weiß, daß sie wahr sind. Vielleicht besitzt die Regierung in Peking nicht die volle Kenntnis der Tatsachen dieser Situation.* Ohne Namen zu nennen, finden sich hier auch kleine Spitzen gegen Nehru, der noch 1956 alle Erklärungen des Dalai Lamas über die Bedrohlichkeit der Situation abgewiegelt, ihm Asyl verweigert und ihn zur Rückkehr nach Tibet gedrängt hatte: *Ich sehe mich gezwungen, hinzuzufügen, daß ich mir vor meinem Besuch in Indien* 1956 *schon in zunehmendem Maß darüber klar wurde, daß meine Politik der Freundschaft und Toleranz versagt hatte und keinerlei Eindruck auf die Vertreter der chinesischen Regierung in Tibet machte.*[125]

Der Dalai Lama erklärt auch, dass er sich der Rückständigkeit seines Landes sehr wohl bewusst sei, er wisse, dass Reformen dringend notwendig und unumgänglich seien. Doch müssten diese Ergebnis einer eigenständigen Entscheidung der Tibeter sein. Um ihre Position vor den Vereinten Nationen und gegenüber China zu stärken, von dem man sicher war, es würde behaupten, Tibet sei schon immer ein Teil Chinas gewesen, ließ die tibetische Exilregierung ein juristisches Gutachten anfertigen. Zwar gab es zu diesem Zeitpunkt keinen einzigen tibetischen Juristen, aber mit finanzieller Unterstützung durch die USA konnte man eine den Vereinten Nationen assoziierte Nichtregierungsorganisation mit der schwierigen Aufgabe betrauen. Bereits im Sommer 1959 nahm die «International Commission of Jurists» ihre Arbeit auf. Ein Jahr später kam sie in ihrem Abschlussbericht zu dem

Ergebnis, Tibet sei trotz der Unklarheit über seinen genauen rechtlichen Status ein de facto souveräner und von China unabhängiger Staat gewesen.[126] Einer Auflistung schwerster Menschenrechtsverletzungen durch China folgte der Schuldspruch, China habe sich des Völkermords an den Tibetern schuldig gemacht: *Man hat sie zu Tode geprügelt, gekreuzigt, lebend verbrannt, ertränkt, bei lebendigem Leibe zerfetzt, hat sie verhungern lassen, hat sie erdrosselt, gehängt, verbrüht, lebend begraben, enthauptet oder ihnen den Bauch aufgeschlitzt.*[127] Gestützt auf dieses Gutachten, wandte sich die tibetische Exilregierung erneut an die Vereinten Nationen, da China in einer ersten Resolution von 1959 nicht explizit verurteilt worden war. Der Dalai Lama schrieb persönlich an den Generalsekretär der Vereinten Nationen, Dag Hammarskjöld, und brachte mit Hilfe Thailands, des Malaiischen Staatenbundes, Irlands und El Salvadors eine neue Resolution ein. Auch sie wird 1961, genauso wie eine weitere 1965, angenommen, Letztere auf Weisung des Nehru-Nachfolgers Lal Bahadur Shastri erstmals auch mit der Stimme Indiens. Beide Resolutionen sind im Tonfall schärfer und betonen Tibets Anspruch auf Unabhängigkeit. Tatkräftige Unterstützung durch die internationale Staatengemeinschaft folgte daraus jedoch nicht. Als Ende der 1960er zudem deutlich wird, dass der amerikanische Präsident Richard Nixon und sein Nationaler Sicherheitsberater Henry Kissinger eine Annäherung an China anstreben, erscheint ihre ohnehin geringe und verdeckt geleistete Unterstützung für die Exiltibeter den USA nicht mehr opportun.

UN-Resolution vom 21. Oktober 1959

«Eingedenk [...] des dem tibetischen Volk eigenen kulturellen und religiösen Erbes und der Autonomie, deren es sich traditionell erfreut hat, in ernster Besorgnis [...], dass die fundamentalen Menschenrechte und Freiheiten dem tibetischen Volk gewaltsam verwehrt wurden, in tiefem Bedauern über die Auswirkung dieser Ergebnisse im Sinne zunehmender internationaler Spannung [...], bekräftigt die Vollversammlung erstens [...], dass die Achtung der Grundsätze der Charta der Vereinten Nationen [...] wesentlich ist für die Entwicklung einer friedlichen [...] Weltordnung; fordert sie zweitens die Achtung vor den fundamentalen Menschenrechten des tibetischen Volkes und vor dem ihm eigenen kulturellen und religiösen Leben.»

Resolution der 834. Plenarsitzung der UN

Im Alltag der tibetischen Regierung in ihrem indischen Exil war jedoch zunächst nicht die tibetische Unabhängigkeit das dringendste Problem, sondern der Umgang mit Flüchtlingen und Finanzen. Bis Ende Juni 1959 waren schon 20000 Tibeter nach Indien geflohen, insgesamt verließen in diesem Exodus über 100000 Menschen ihre tibetische Heimat. Die meisten gelangten zuerst in die völlig überfüllten Durchgangslager Missamari in der Nähe Tezpurs oder Buxa Duar an der bhutanesischen Grenze. Allein in Missamari teilten sich zeitweise 12000 Flüchtlinge 300 Bambushütten. Die ungewohnte Hitze setzte den Tibetern zu, viele waren krank und verwundet. Nehru und der Dalai Lama vereinbarten daher eine Regelung, die zwei Probleme auf einen Schlag lösen sollte: Die Flüchtlinge würden im Straßenbau in den Bergen Nordindiens eingesetzt. Indien, selbst Entwicklungsland, müsste so nicht für den Unterhalt aller Flüchtlinge aufkommen, diese würden sich ihrerseits in einem für sie günstigeren Klima aufhalten. Auch Programme internationaler Hilfsorganisationen liefen bald an, die sich vorrangig auf Ausbildung und medizinische Versorgung der Asylanten konzentrierten. Indien stellte zudem Land im Süden des Subkontinents zur Verfügung, wo sich eine Exilgemeinde niederlassen sollte. Ob der Straßenbau die beste Lösung war, schien dem Dalai Lama nach einer ersten Inspektionsreise fraglich, es *brach* ihm *fast das Herz. Kinder, Frauen und Männer arbeiteten Seite an Seite in Kolonnen; ehemalige Nonnen, Bauern, Mönche, Beamte, alle waren durcheinandergewürfelt. Und obwohl es tatsächlich ein wenig kühler war als in den Durchgangslagern, forderten die Hitze und die Feuchtigkeit doch einen erschreckend hohen Tribut.*[128]

Auch die Finanzen waren ein Dauerproblem. Die von der Exilregierung eingeführte «Freiheitssteuer» von zwei indischen Rupien pro Monat oder von zwei Prozent des Einkommens bei den wenigen Tibetern mit festem Verdienst war ein eher symbolischer Beitrag, verglichen mit den tatsächlich anfallenden Kosten. Der Dalai Lama selbst erhielt von der indischen Regierung eine Apanage, kaum mehr als ein Taschengeld.

Aber was war von den Gerüchten um einen geretteten unermesslichen Gold- und Silberschatz des Dalai Lamas zu halten?

Den hatte es tatsächlich gegeben. Teile dieses von seinen Vorgängern ererbten Schatzes waren bereits während der ersten Flucht der Regierung im Winter 1950 auf tausend Packpferden außer Landes geschafft worden. Versteckt in einem verlassenen Stall in Sikkim und nur von einem einzigen Mann bewacht, hatte er neun Jahre auf seinen Besitzer gewartet. Eine Lastwagenkolonne schaffte das wertvolle Gut 1960 nach Kalkutta in eine Bank. Nehrus Vorschlag, die Kostbarkeiten der indischen Regierung zu verkaufen, verwarfen die Exilanten in der Hoffnung, auf dem freien Markt mehr Gewinn zu erzielen, und schalteten dazu einen Bruder des Dalai Lamas, Gyalo Dhöndup, ein. Immerhin war dieser geschäftserfahren, mehrsprachig, hatte (anfangs unter den Fittichen Chiang Kai-sheks) in China studiert und lebte seit Jahren im Ausland: Tibets Mann von Welt. Etwa acht Millionen Dollar brachte der Verkauf zunächst auch tatsächlich ein. Doch über sieben Millionen Dollar zerrannen dem glücklosen Gyalo Dhöndup und seinen dubiosen Beratern zwischen den Fingern und versickerten in Börsenspekulationen, Stahlrohr- und Papierfirmen. Der Staatsrat Kashag sollte Gyalo Dhöndup deshalb noch lange grollen, auch weil er unterstellte, eine zeitweise von Gyalo Dhöndup koordinierte Widerstandsgruppe habe sich Geld angeeignet, das die amerikanische CIA 1958 mit einem Fallschirm über Tibet abgeworfen hatte und das angeblich verlorengegangen war.

Im Gegensatz zu seinem Gewaltlosigkeit predigenden, weltunerfahrenen Bruder war der oft aufbrausende Gyalo Dhöndup ein kosmopolitischer Koordinator des gewaltsamen Widerstands mit besten Kontakten zur amerikanischen CIA und zum indischen Geheimdienst. Und er war wohl auch besser informiert als der eigentliche Chef der Tibeter: *Mehr als einmal habe ich versucht, von Gyalo Thöndup und anderen Einzelheiten über diese Operationen zu erfahren, aber ich habe nie die ganzen Hintergründe herausfinden können.*[129] Ohne ein politisches Amt zu bekleiden, war Gyalo Dhöndup de facto eine der wichtigsten Führungsfiguren in den ersten zehn Jahren des Exils. Doch mit dem Ende der CIA-Unterstützung für den tibetischen Widerstand und in seiner Position geschwächt durch Querelen innerhalb der Exilgemeinde, zog

Gyalo Dhöndup Ende der 1960er entnervt mit seiner chinesischen Frau nach Hongkong.

Während der 1960er Jahre hatte die CIA in einem Sonderprogramm jährlich rund 1,7 Millionen Dollar bereitgestellt, um exiltibetische Operationen gegen China zu unterstützen, inklusive jährlicher Zahlungen von 180 000 Dollar an den Dalai Lama. Diese waren Teil einer Strategie im Kalten Krieg, mit der kommunistische Länder (insbesondere China und die UdSSR) geschwächt werden sollten. Das CIA-Programm für Tibet umfasste mehrere Komponenten: Zum einen wurden etwa 2000 tibetische Widerstandskämpfer unterstützt, die von Nepal aus operierten und zum Teil auf einem geheimen militärischen Übungsplatz in Colorado ausgebildet wurden. In den frühen Siebzigern versiegte die Unterstützung durch die CIA und damit auch eine nicht unerhebliche Einnahmequelle, als die Nixon-Regierung diplomatische Beziehungen zu China aufnahm. Knapp zwanzig Jahre hatte das Engagement damit gewährt, denn bereits gegen Ende des Jahres 1955 waren die ersten Tibeter in Darjeeling und Kalimpong von der CIA rekrutiert und zur Ausbildung auf die Pazifikinsel Saipan geflogen worden, wo man ihnen den Umgang mit modernen Waffen, Guerillakriegsführung, Fallschirmspringen und Kommunikationstechniken beibrachte. Mit dem Aufstand vom März 1959 nahmen die Aktivitäten der CIA zeitweilig zu, und man ließ vermehrt Tibeter über Gebieten abspringen, in denen man Widerstand vermutete. In den 1960ern operierte man von Mustang (Nepal) aus, aber da das angrenzende tibetische Gebiet dünn besiedelt und strategisch unbedeutend war, waren die Attacken den Chinesen sicher lästig, blieben aber letztlich wirkungslos.

Obwohl ich die Zielstrebigkeit der Guerillas immer bewundert habe, konnte ich ihre Aktivitäten nie gutheißen[130] – eine Äußerung, die eine der Zwickmühlen zeigt, in die die Politik der Gewaltlosigkeit des Dalai Lamas geriet. *Es schien falsch, soviel Mut, Ergebenheit und Heimatliebe in Frage zu stellen.*[131] Dennoch forderte er die Guerilla in Mustang in einer persönlichen Tonbandnachricht auf, sich dem nepalesischen Militär zu ergeben. Die letzte Guerillabasis in Mustang wurde 1974 aufgelöst. Zu dieser Zeit nahm die westliche Öffentlichkeit weder die Tibet-Problematik in besonderem Maß wahr, noch ahnte sie, dass es so etwas wie tibetischen Widerstandskampf überhaupt gab. Auch die erste Auslandsreise des Dalai Lamas nach Japan und Thailand 1967 war im Westen nicht weiter auf Interesse gestoßen. Es sah beinahe so aus, als habe es nach einer kurzen Artikelflut im Anschluss an die Flucht 1959 so etwas wie einen blinden Fleck in der Wahrnehmung der Weltpresse gegeben: Im ganzen folgenden Jahrzehnt lassen sich etwa die in Deutschland erschienenen Artikel und Meldungen über den Dalai Lama und Tibet an zwei Händen abzählen. Auch scheint die anhaltende chinesische Propaganda, Tibet sei immer ein Teil Chinas gewesen, Erfolg gehabt zu haben: So schrieb auch der «Spiegel» 1972 anlässlich Nixons historischem Besuch in der kommunistischen Volksrepublik, China präsentiere sich als ein Staat, der keine Besatzungstruppen in fremden Ländern unterhalte und sich keine Intervention außerhalb seiner Grenzen habe zuschulden kommen lassen.[132] In derselben Ausgabe gilt dem Dalai Lama eine Randnotiz: Er habe in Dharamsala eine Schule gegründet, in der er auch rauschgiftabhängige Hippies aus dem Westen unterweise.

Stille Neuordnung

In Dharamsala lebt der Dalai Lama seit 1960. Sicher auch um ihn ruhigzustellen und China nicht weiter zu verärgern, vollzog man im Jahr nach seiner Ankunft eine Art innerindische Abschiebung. Die indische Regierung wies dem Oberhaupt der Tibeter anstelle des nahe am indischen Regierungssitz Neu-Delhi gelegenen Mussoorie eine höchst abgelegene Heimstatt im Vorgebirge des Himalaja als dauerhaften Wohnsitz zu. Der Dalai Lama machte sich auf die Reise, erst per Zug, dann per Auto, und sah *in der Ferne turmhoch die weißen Berggipfel emporragen. Wir fuhren direkt auf sie zu und kamen dabei durch eine der schönsten Landschaften Indiens: üppig bewachsene, mit Bäumen bestandene, grüne Wiesen und überall die buntesten Blumen.*[133] Vom Zentrum Dharamsalas ging es noch einmal steil bergauf bis zum Dorf McLeod Ganj und noch ein Stück weiter bis zum im Wald gelegenen Swarg-Ashram. Schon zwei Wochen nach seiner Ankunft öffnete das erste Heim für tibetische Flüchtlingskinder seine Pforten unter der Leitung seiner Schwester Tsering Dölma. Aber dessen Aufnahmekapazität war begrenzt, es platzte schnell aus allen Nähten. Hilfe kam von einem anderen Bergvolk: 200 tibetische Kinder wurden sofort von Schweizer Familien adoptiert, ein Pestalozzi-Kinderdorf wurde eingerichtet, und auch erwachsene Flüchtlinge durften als «Gastarbeiter» einreisen, sodass heute etwa 2000 Tibeter in der Schweiz leben. Sie sind die größte tibetische Exilgruppe außerhalb des indischen Subkontinents.

Die ersten Jahre in der neuen Heimat scheinen für den Dalai Lama recht ruhig verlaufen zu sein. Er fand Zeit, zu meditieren, zu wandern, sogar Badminton zu spielen, schrieb sein erstes Buch über Theorie und Praxis des Buddhismus mit dem Titel *Blo gsar mig 'byed*, zu Deutsch *Das Öffnen des Auges der neuen Achtsamkeit*, und mit Hilfe des englischen Autors David Howarth auch eine erste Autobiographie. Er fand Zeit, seine Regierung zu organisieren: Unterhalb der Ministerebene des Kashag gibt es

Der Dalai Lama in seinem Wohnhaus im indischen Dharamsala am 18. Mai 2003

nun Abteilungen für Inneres, für Religiöse und Kulturelle Angelegenheiten, Erziehung, Finanzen, Sicherheit, Information, Gesundheit, Service Management sowie einen Rechnungshof. In Delhi, dann in New York, Genf, Kathmandu und Gangtok, später in Tokio und London eröffnete Büros fungieren als inoffizielle Botschaften. Schon 1960 fanden erste Wahlen zur neugeschaffenen «Kommission der Volksabgeordneten» statt, und am 10. März 1963 verkündete das tibetische Staatsoberhaupt im Exil einen demokratischen Verfassungsentwurf für Tibet. Dieser sieht sich zugleich buddhistischen und demokratischen Prinzipien verpflichtet und soll nach der Rückkehr in die Heimat in eine tatsächliche Verfassung umgewandelt werden. Vom Prinzip her ähnelt die Regierungsstruktur nun einer konstitutionellen Monarchie, mit dem Dalai Lama und dem Kashag als Exekutivmacht, der Nationalversammlung als Legislative und einem unabhängigen höchsten Gericht als Judikative. Die neu institutionalisierte Volksabordnung fungiert als Parlament. Allerdings gibt es keine unabhängige Gesetzgebung, da man sich den jeweiligen Gastländern unterordnen muss. Auch war und ist der alte Adel Tibets recht einflussreich. Mitglieder des Kashag wurden bis 1990 vom Dalai Lama ernannt, nicht gewählt, sodass auch seine Geschwister Gyalo Dhöndup (1991–1993) und als erste Frau Jetsun Pema (1990–1993) Ministerposten innehatten. Die Nachfolge für Jetsun Pema blieb mit Rinchen Khando, der Frau des Dalai-Lama-Bruders Tendzin Chögyal, ebenfalls in der Yapshi-Familie. Auch Tendzin Chögyal selbst war zeitweise in die Politik gegangen und saß fünf Jahre lang in der Nationalversammlung, bevor er sein Mandat zurückgab. Sein persönliches Fazit fällt ziemlich hart aus: «Da herrscht das reinste Chaos. Sie streiten über Kleinigkeiten, und die wichtigeren Themen ignorieren sie. Und unterm Strich tun sie gar nichts.» [134]

Mit der offiziellen Begründung, die Demokratisierung vorantreiben zu wollen, inoffiziell wohl aber auch wegen der Korruptionsvorwürfe gegen ehemalige Kashag-Mitglieder, werden diese seit 1990 von den Abgeordneten gewählt. Der Dalai Lama selbst verankerte im Verfassungsentwurf die theoretische Möglichkeit seiner Absetzung als Staatsoberhaupt und betonte zudem wiederholt, dass er nach der Heimkehr nach Tibet kein politisches Amt mehr bekleiden möchte. *Daß ich nicht mehr tibetisches Staatsoberhaupt sein werde, heißt nicht, daß ich meine moralische Verantwortung aufgebe*, erklärte er in den frühen 1990ern. *Der Grund, warum ich nicht mehr die Regierungsverantwortung tragen will, ist, daß ich jetzt Ende Fünfzig bin. Ich habe vielleicht noch zwanzig Jahre aktiven Lebens vor mir, dann bin ich zu alt.*[135] Die Geburt des neuen politischen Systems nach dem Ende des Exils will er noch begleiten, dann muss die tibetische Demokratie auf eigenen Füßen stehen.

Zum Bekenntnis, freiwillig auf seine Macht verzichten zu wollen, kann sich ein Herrscher nur bewogen fühlen, wenn ihn diese Macht im Grunde nicht interessiert. Tatsächlich scheint der Dalai Lama Politiker wider Willen zu sein, sein Herz hängt stärker an der Ausbildung der tibetischen Kinder im Exil und an der Pflege der tibetischen Kultur. Seine politische Betätigung ist dabei in der Hauptsache Mittel, das Fortleben des tibetischen Buddhismus zu sichern: *Wenn Tibet seine Freiheit wiedererlangen würde, trüge dies mit Sicherheit dazu bei, daß die tiefgründigen Lehren Buddhas überdauern. Es besteht also ein eindeutiger Zusammenhang*

Der Dalai Lama im tibetisch-buddhistischen Kloster Rikon in der Schweiz, 1993. In der Schweiz lebt die größte Gruppe tibetischer Flüchtlinge außerhalb Asiens.

zwischen Tibets Freiheit und der Erhaltung der Lehre. Wäre die Freiheit Tibets lediglich eine politische Frage, sähe ich in meiner Eigenschaft als Mönch und Anhänger der buddhistischen Tradition keinen Grund, mich in diesem Maße darum zu kümmern und zu sorgen.[136]

Tatsächlich bekommt die Weltöffentlichkeit nach seiner Flucht etwa zwanzig Jahre lang keine politischen Statements von ihm zu hören. Nur sechs Mal besucht er in dieser Zeit das Ausland auf religiös motivierten Reisen in buddhistische Länder oder zu den Tibetern in der Schweiz. Eine erste Europareise 1973, bei der er auch Papst Paul VI. trifft, kann als private Sightseeing-Tour in Verbindung mit Dankesbesuchen bei Hilfsorganisationen betrachtet werden. Überhaupt ein Visum zu bekommen war (und ist zuweilen auch heute noch) für ihn schwer genug: Die für einen Besuch vorgesehenen Staaten reagierten jedenfalls äußerst zurückhaltend, schließlich wollte man China nicht brüskieren. Auch den Vatikan stürzte sein Besuchswunsch in Verlegenheit, hatte man doch gerade erst wieder Kontakt zur atheistischen Volksrepublik aufgenommen. Wenn der Westen Tendzin Gyatso die Einreise gestattete, dann unter der Prämisse, dass er sich als Tourist oder Buddhist auf Welttournee verhielt, nicht aber als Politiker und Staatsoberhaupt Tibets. Offizielle Staatsempfänge bleiben ihm bis heute verwehrt.

Erst seine siebte Auslands- und zugleich erste Amerikareise 1979 änderte den privat-religiösen Charakter seiner Reisen ein wenig, auch wenn er sich damals zu erklären beeilte, dass sein Besuch hauptsächlich religiöser, erzieherischer und sozialer, nicht aber politischer Natur[137] sei. Auf dieser Reise wurde ihm auch die erste Ehrendoktorwürde zuteil; heute ist die Zahl der internationalen Ehrungen, Medaillen und Preise kaum mehr überschaubar.

Was aber hat er in den beinahe zwanzig stillen Jahren seiner Flucht eigentlich getan? Modellhaft verläuft ein Tag im Leben des Tendzin Gyatso so: Bereits beim Aufwachen gegen vier Uhr morgens beginnt er mit der Rezitation von Mantras. Fünfeinhalb Stunden täglich gehören der Religionsausübung. *Bei Tagesanbruch, wenn das Wetter schön ist, gehe ich in den Garten. Diese Zeit des Tages ist eine ganz besondere für mich. Es ist sehr klar und ich sehe die Sterne und habe dieses besondere Gefühl – das meiner Bedeutungslosigkeit im Kosmos. Die Realisierung dessen, was wir Buddhisten Vergänglichkeit nennen. Das ist sehr entspannend.*[138]

Die zweite Tageshälfte widmet er bis gegen fünf Uhr Regierungsgeschäften und Besuchern. Wann immer er Zeit findet, liest er, meist buddhistische Schriften. Mit Einbruch der Dunkelheit trinkt er Tee – Mönche nehmen ab dem Nachmittag keine feste Nahrung mehr zu sich – und sieht dabei etwas fern. Gegen neun geht er zu Bett. Er selbst befindet, sein gewöhnlicher Tagesablauf sei im Grunde *der eines Studierenden, eines Freiheitskämpfers im gewaltlosen Sinn, eines Meditierenden und ein wenig der eines Philosophen, eines Humanisten und vielleicht eines Umweltschützers*[139].

Nicht nur Tendzin Gyatsos Tag, auch seine tägliche spirituelle Praxis folgt einem festen Ablauf, es sei denn, er zieht sich in Klausur zurück. *1973 spürte ich den starken Wunsch, mich für drei Jahre in Klausur zu begeben, aber die Umstände erlaubten es nicht. […] In der Zwischenzeit muß ich mich mit Kurzklausuren begnügen, in denen ich meine Batterien auflade. Das reicht zwar zur kurzfristigen Regeneration, aber um den Geist zu schulen, benötigt man viel mehr Zeit. Das ist einer der Gründe dafür, weshalb ich mich noch immer auf der Anfangsstufe der spirituellen Entwicklung sehe.*[140]

Seine religiöse Praxis gehorcht einem strukturierten Muster. *Zuerst nehme ich bei meinen Niederwerfungen Zuflucht zum Buddha, zum Dharma und zum Sangha, der Gemeinschaft. Der nächste Schritt ist das Entfalten von Bodhicitta, dem gütigen Herzen. […] Um Mitgefühl oder Nächstenliebe in mir zu erzeugen, führe ich bestimmte geistige Übungen aus, welche die Liebe zu allen Lebewesen, besonders zu meinen Feinden, steigern. […] Der Rest meiner Meditation beschäftigt sich mit Shunyata oder Leerheit; dabei richte ich meine ganze Aufmerksamkeit darauf, was gegenseitige Abhängigkeit in all ihren Nuancen bedeutet. Zu dieser Praxis gehört auch der sogenannte «Gottheiten-Yoga», bei dem ich verschiedene Mandalas benutze, um mich selbst im Geist als eine Abfolge von verschiedenen (Meditations-)Gottheiten zu sehen, die man aber keineswegs als eigenständige äußere Wesen mißverstehen darf. Dabei konzentriere ich mich so intensiv, daß mein Bewußtsein nicht mehr durch äußere Sinneseindrücke abgelenkt wird. Ich bin aber nicht in Trance, denn mein Geist bleibt hellwach. Ich befinde mich vielmehr in einem Zustand reinen Bewußtseins.*[141]

Dies zu beherrschen dauert lange. Aber Zeit hatte er genug in diesen ersten zwanzig Jahren des Exils. Genügend Zeit für Meditation, genügend Zeit, seine buddhistisch geprägte Herangehensweise an Politik zu festigen, genügend Zeit für Alltägliches, etwa um sich über seine Geschwister zu ärgern. Zuerst über Thubten

Jigme Norbu, der bereits 1961 eine Stelle an der Universität von Seattle angetreten hatte. Dieser, immerhin kein gewöhnlicher Mönch, sondern der Tulku des Taktser Rinpoche, gab seine Gelübde zurück und heiratete Kunyang, die jüngere Schwester des ebenfalls ins Exil gegangenen Oberhaupts der tibetischen Sakyapa-Schule. Als Nächstes enttäuschte ihn Lobsang Samten, mit dem Tendzin Gyatso die ersten Jahre im Potala geteilt hatte: Auch dieser gab sein Mönchsleben auf und zog zu seinem Bruder Norbu. Auf Betreiben seiner Mutter und seiner Schwester Dölma heiratete Lobsang Samten schließlich Namlha, ein Mädchen aus einer der wichtigsten Familien des alten Tibets. Tendzin Gyatso war als Bruder und Mönch empört und verärgert: *Eine Zeitlang sprach ich noch nicht mal mehr mit den beiden.*[142]

Er hatte es in dieser Zeit nicht leicht mit seinen Geschwistern. Seine älteste Schwester Tsering Dölma solle in dem ihr unterstellten Waisenhaus ein äußerst autokratisches Regiment führen, die Zustände seien katastrophal. *Wie wir alle konnte meine Schwester recht aufbrausend sein. Es mag durchaus zutreffen, daß sie sich zuviel darauf einbildete, die Schwester des Dalai Lama zu sein.*[143] Das Exil schien dem Mönchstum nicht zu bekommen, denn schließlich gab auch noch der jüngste der Brüder, Tendzin Chögyal, ebenfalls ein Tulku, seine Mönchsgelübde zurück. Die Lebenswege der Geschwister verzweigten sich. Thubten Jigme Norbu wurde Professor in Bloomington; Lobsang Samten, ehemals Schatzmeister von Tibet, arbeitete einige Jahre völlig unerkannt als Hausmeister in einer amerikanischen Schule und zog später nach Dharamsala. Tendzin Chögyal engagierte sich erst im Widerstand und dann in einem hauptsächlich aus Tibetern bestehenden Regiment der indischen Armee, wurde zuletzt Privatsekretär des Dalai Lamas.

Im Jahr 1968 zieht der nun letzte Mönch aus dem Kreis der Brüder in ein neues Heim: Thekchen Chöling, «Garten des Mahayana-Buddhismus», heißt es. Kein Vergleich mit dem gewaltigen Potala; und nicht wenige westliche spirituelle Touristen auf Pilgerfahrt nach Dharamsala zeigen sich über die Schlichtheit der Gebäude recht erstaunt. Der Dalai Lama selbst hingegen genießt diese neue Einfachheit im Exil.

Tibet und China: Eine schwierige Geschichte

An eine Aufnahme diplomatischer Kontakte zwischen dem Dalai Lama und China war in den ersten Jahrzehnten nach der Flucht nicht zu denken: Nach dem Scheitern des von Mao verordneten «Großen Sprungs nach vorn» und den «Drei Harten Jahren» von 1959 bis 1962, in denen in China vielleicht zwanzig, vielleicht dreißig Millionen Menschen verhungerten, versank das Reich der Mitte ab 1966 mehr als zehn Jahre lang während der Kulturrevolution in Chaos und Zerstörung. Das gesamte chinesische Territorium litt unter dem Terror der fanatischen «Roten Garden». Auch Tibet wurde Opfer der Kampagne zur Ausrottung der «Vier Alten»: Alte Ideen, alte Sitten, alte Kultur und alte Gebräuche wurden gnadenlos verfolgt. Besonders die Religion, in der sich etwas von allen vieren fand: Kaum eines von Tausenden großen und kleinen Klöstern in Tibet sollte danach noch intakt sein, beinahe alle Mönche und Nonnen wurden genötigt, in den Laienstand zurückzukehren, manche sogar zu öffentlichem Sex gezwungen; die Religionsausübung wurde verboten. Menschenleer waren die Ruinen der Klöster, überfüllt die Arbeitslager und Gefängnisse. Angesichts des Terrors, der Tibet überrollte und elender zurückließ, als es jemals zuvor gewesen war, wirken die Parolen von der angeblichen «Befreiung» Tibets unfassbar zynisch. Wie aber rechtfertigt China seine Einverleibung Tibets? «Annexion eines zuvor unabhängigen Staatsgebiets», was der Wahrheit entspräche, ist eine Feststellung, die man nicht zu hören bekommt. Tatsächlich versucht China, seine Anwesenheit in Tibet historisch zu begründen. Die kommunistischen Machthaber präsentieren sich als legitime Erben des Kaiserreichs, genau genommen der Mongolen- und Mandschu-Dynastien in China. Die Debatte über die sogenannte Tibet-Frage ist dabei für beide Seiten hochgradig emotionsgeladen. Aber es geht um mehr als

Die Ruinen des Klosters Ganden südöstlich von Lhasa.
Das Kloster war eines der drei wichtigsten und größten in Tibet, es wurde während der Kulturrevolution zerstört.

um individuelle oder kollektive Menschenrechtsverletzung an Tibetern – wobei sich dies sogar beide Seiten vorwerfen. Die Tibeter im Exil beschuldigen China des Genozids in Millionenhöhe. Die chinesische Propaganda hingegen malt in grellen Farben ein Bild barbarischer Grausamkeit einer mittelalterlichen tibetischen Sklavenhaltergesellschaft, bevor endlich die sozialistische Segnungen verbreitende Volksbefreiungsarmee einmarschierte. Tibet sei schließlich schon seit Jahrhunderten ein Teil des chinesischen Reichs. Daher reagierte der ehemalige chinesische Botschafter in Deutschland, Guo Fengmin, äußerst ungehalten auf eine Anhörung zur Tibet-Frage im Deutschen Bundestag 1989: «Wie allgemein bekannt, ist Tibet seit dem 13. Jahrhundert ein unabtrennbarer Teil des heiligen Territoriums Chinas, und die Tibeter gehören der großen Familie der aus 56 Nationalitäten bestehenden chinesischen Nation an.»[144] Fast müßig, anzumerken, dass in dieser «großen Familie» die etwa 92 Prozent ethnischer Han-Chinesen unzweifelhaft das Familienoberhaupt darstellen.

Sicher gab es historische Beziehungen zwischen beiden Ländern, doch deren Natur ist bei weitem nicht so eindeutig, wie China gern glauben machen will. Zwar berichten frühe chinesische Quellen von Tributzahlungen der Tibeter an den chinesischen Kaiser, was China heute als Beweis der machtpolitischen Unterordnung Tibets gilt. Doch belegt dies eher, dass Tibet eben nicht Teil des chinesischen Reiches war, denn Regionen unter direkter chinesischer Herrschaft waren nicht tributpflichtig, sondern bezahlten Steuern. Alte tibetische Quellen verzeichnen ihrerseits ebenfalls Tributzahlungen von Arabern, Turkvölkern – und Chinesen. Viele dieser Gesandtschaften scheinen ihrem Zweck nach eher als offizielle Handelsmissionen denn als Tributmissionen zu verstehen zu sein.[145] Auch Behauptungen, dass sich das Reich der Mitte in der Tang-Zeit (618–906) über Tibet und ganz Zentralasien bis Persien erstreckt habe, sind sicher Wunschdenken und werden von arabischen (wie auch anderen chinesischen) Quellen widerlegt. Und erst gegen Ende der Tang-Dynastie hatten die Chinesen das meiste zurückerobert, was die Tibeter (!) ihnen zuvor an Land abgenommen hatten. Doch mit dem Ende der Tang-Dynastie begann das chinesische Imperium zu zerfallen. Ein Niemandsland entstand im Grenzland zwischen den beiden Reichen, das von örtlichen Kleinfürsten regiert wurde. Kontakte zwischen Tibet und China beschränkten sich bis zum Ende der Song-Dynastie (960–1279) auf den Austausch von Höflichkeiten oder auf Grenzscharmützel. Dann wurden beide Länder von einer dritten zentralasiatischen Macht erobert: den Mongolen. Im Westen ritt die «Goldene Horde» Richtung Russ-

Der Vertrag zwischen Tibet und China, 821 n. Chr.

«Tibet und China sollen sich an die Grenzen halten, die sie jetzt innehaben. [...] Von jetzt an soll auf keiner der beiden Seiten Krieg geführt oder Land weggenommen werden. [...] Alle sollen in Frieden leben und an den Segnungen des Glückes 10 000 Jahre teilhaben. [...] Dieses feierliche Abkommen hat eine große Zeit begründet, wo die Tibeter im Lande Tibet glücklich sein sollen und die Chinesen im Lande China. Damit es niemals gekündigt wird, sind die Drei Kostbarkeiten der Religion [Buddha, Dharma, Sangha], die Versammlung der Heiligen, Sonne, Mond, Planeten und Sterne als Zeugen angerufen worden.»

land, im Osten unterwarf Dschingis' Enkel Kublai Khan 1279 das China der Südlichen Song-Dynastie. Die Tibeter, das Schicksal ihrer Nachbarn vor Augen, nahmen daher freundliche Beziehungen zu den Mongolen auf.

Während der Herrschaft der Mongolen blieb Tibet ein besonderer Teil ihres Reiches, der nie vollständig integriert wurde. Unter dem Laienherrscher Changchub Gyaltsen (regierte 1350–1364), der Tibet geeint hatte, erlangte Tibet 1350 sogar völlige Unabhängigkeit von den Mongolen. Erst achtzehn Jahre später stürzten die Chinesen ihre fremden mongolischen Herren und setzten den Einheimischen Zhu Yuanzhang als ersten Kaiser des Ming-Hofes ein. Eroberer aus dem Norden, die Mandschu, fegten die Ming-Dynastie 1644 hinweg und belebten die Tradition der Priester-Patron-Beziehung zu Tibet. 1653, gut 300 Jahre bevor Tendzin Gyatso seine eigene Chinareise unternahm, besuchte sein Vorgänger, der Große Fünfte, den ihm höchst ergebenen Shunzhi-Kaiser (regierte 1644–1661) auf eine dringliche Einladung hin sogar an dessen Hof in Beijing.

Eine neue Phase in den Beziehungen begann um 1720, als erstmals Armeen der Mandschu nach Lhasa gelangten. Man hatte sie gerufen, um die Dzungar-Mongolen, die Tibet drei Jahre zuvor besetzt hatten, zu vertreiben und den siebten Dalai Lama zu beschützen. Die erbetene Hilfe aus China kam allerdings erst, als die Tibeter die Lage bereits wieder unter Kontrolle hatten, und ist zudem lediglich als Hilfe zur Befreiung, nicht als Eroberung zu verstehen. Yongzhen (regierte 1723–1735) zog so gut wie alle verbliebenen chinesischen Truppen wieder aus Tibet ab, installierte jedoch dauerhaft zwei Mandschu-Repräsentanten mit militärischer Eskorte in Lhasa, sogenannte Ambane. Mal war deren Aufsicht nur nominell, mal fungierten sie als Berater des Kashag. Trotzdem spürte man die Anwesenheit Chinas allenfalls in Lhasa, denn nur dort gab es eine Kaserne mit 1000 Soldaten. Ansonsten lebten keine Chinesen im Machtbereich des Dalai Lamas.

In der Folge nahm die Abhängigkeit Tibets von den Mandschu jedoch allmählich zu. Ein Grund war sicher, dass die Tibeter diese zu oft um militärische Hilfe baten und den Eindruck

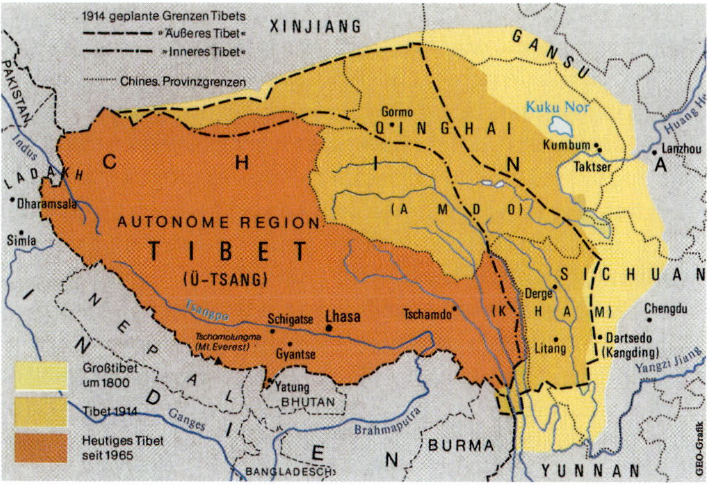

Die Shimla-Konvention zwischen Tibet und Großbritannien von 1914 sollte den Grenzverlauf Tibets entlang der McMahon-Linie verbindlich regeln. Doch China lehnte ab.

erweckten, auf eine starke Hand angewiesen zu sein – schließlich regierten zu dieser Zeit die schwachen Dalai Lamas. Die Ambane sollten daher künftig Außenbeziehungen, Handel und Verteidigung Tibets koordinieren und kontrollieren. Tibet wurde so gegen die Außenwelt, besonders gegen Russland und Britisch-Indien abgeriegelt. Ende des 19. Jahrhunderts wurde Tibet dann im «Great Game» zum Zankapfel zwischen Russen, Briten und Mandschu. Russland hatte erkannt, dass in Tibet der Schlüssel zum Einfluss auf zentralasiatische buddhistische Völker wie die Kalmücken oder Burjaten lag, und suchte sich dem Dalai Lama als Bündnispartner anzudienen. Auch in Britisch-Indien sah man die Ohnmacht der Mandschu in Bezug auf Tibet und interessierte sich für direkte Kontakte zum Dalai Lama, um Handelsvereinbarungen mit ihm zu treffen. Lord Curzon, Vizekönig in Indien, ließ daher den Offizier Francis Edward Younghusband 1904 mit seinem Regiment in Tibet einmarschieren. Im Gegensatz dazu hielt es die Regierung in London wegen ihrer Handelsinteressen in China jedoch für angebracht, in gewissem Grad weiterhin freundschaftliche Kontakte zum Mandschu-Kaiser zu unterhalten und daher dessen Vormacht in Tibet anzuerkennen. Um es kurz zu machen: Das Gezerre endet mit der offiziellen Unabhängigkeitserklärung Tibets 1913 durch den dreizehnten Dalai Lama, womit jegliche Reste einer vagen tibetischen Unterordnung unter den Schutz der Kaiser Chinas beseitigt werden – ein Schutz, der im Wesentlichen nichts an der politischen, kulturellen, religiösen oder territorialen Identität Tibets geändert hatte. Ein integraler Teil Chinas ist Tibet nie gewesen.

Weniger eindeutig sind andere hochpolitische Fragen zu beantworten, etwa die nach den territorialen Grenzen des eigentlichen Tibets und die nach der Bevölkerungsentwicklung in diesem Gebiet. So bezieht sich der Dalai Lama als das wichtigste Sprachrohr exiltibetischer Politik, wenn er «Tibet» sagt, immer auf «Bö chenmo», «Großtibet», also eher das ethnographische als das ehemals politische Tibet. China hingegen versteht unter Tibet nur die wesentlich kleinere Autonome Region Tibet, ohne Kham und Amdo. Schon früh berichtet die Exilregierung, Millionen chinesischer Siedler überfluteten die von Tibetern bewohnten Gebiete. Das gilt vor allem für die Städte. Dort prägen die nicht dem Militär angehörenden Chinesen auffallend stark Leben und Architektur, arbeiten als Beamte, Bauarbeiter oder Unternehmer, kontrollieren den Großteil der Wirtschaft. Die tibetischen Bauern und Nomaden hingegen gehören mit einem Jahreseinkommen von 120 Euro zu den ärmsten Menschen Chinas. Besonders in den Randgebieten fällt das Zahlenverhältnis stark zu Ungunsten der Tibeter aus, hier wurden anders als auf dem Zentralplateau auch Bauern angesiedelt.

Tritt man einen Schritt zurück, so sehen die Zahlen noch weit ungünstiger aus: Knapp fünf Millionen Tibetern auf chinesischem Staatsgebiet – und 130 000 Tibetern im Exil – steht eine Atommacht mit über 1,3 Milliarden Menschen gegenüber. Dass dieses Verhältnis gewaltsamen Widerstand als politisches Mittel aussichtslos macht, mag dem Dalai Lama geholfen haben, die Frage der Gewaltanwendung für sich zu klären, und dies nicht nur als Friedfertigkeit predigender Buddhist, sondern auch als Realpolitiker. Noch bei seiner zweiten Pressekonferenz 1959 in

Indien hatte er auf die Frage, ob er um Waffen für die Aufständischen bitten würde, ausweichend geantwortet, dass er *nicht beabsichtige, die nationale freiwillige Verteidigungsarmee ohne Hilfe zu lassen*, jedoch strebe er *friedliche Lösungen stärker an als militärische Gewaltlösungen.*[146] Immerhin eine Rechtfertigung für die Aktionen der Widerständler fand er in einer alten buddhistischen Geschichte: Dort sieht sich der Bodhisattva gezwungen, einen Mann zu töten, der seinerseits plante, 499 Menschen zu ermorden, und sich partout nicht von seinem Vorhaben abbringen lassen wollte. Um diese Menschenleben zu retten und zugleich dem Mörder sein durch die Tat entstehendes entsetzliches Karma zu ersparen, tötet ihn der Bodhisattva aus Mitleid. Zu Recht, so der Dalai Lama: *Nach buddhistischer Sichtweise sind Ergebnis und Motivation wichtiger als die Methode. In diesem Fall war die Gewalt – die Methode – das Töten, aber die Motivation war Mitgefühl.*[147] Im Fall Tibets ist dem exilierten Oberhaupt jedoch klar, dass Gewalt keine Lösung ist, auch wenn vor allem viele tibetische Jugendliche das ganz anders sehen.

Von ihm aber ist kein buddhistischer Dschihad, kein Aufruf zu einer tibetischen Intifada zu erwarten. Vielmehr wagt er den Versuch, drei buddhistische Prinzipien als zentrale Politikkonzepte zu etablieren: «Ahimsa», «Karuna» und «Maitri» sind Begriffe aus dem Sanskrit, die wörtlich «Nichtverletzen», «Mitleid» und «Wohlwollen» bedeuten. Und daran sollen alle Handlungen, im politischen wie im privaten Leben, ausgerichtet werden, dies soll auch die Verhandlungen mit China prägen. Selbst den Einmarsch der Chinesen in Tibet und das damit verbundene Leid des tibetischen Volkes kann der Dalai Lama bei Bedarf aus der Religion deuten: In seiner buddhistischen Perspektive lässt sich dies als karmische Konsequenz früherer negativer Handlungen betrachten. Worin diese bestanden haben könnten, darüber lässt sich nur spekulieren. Generell scheinen ihm zwei Möglichkeiten denkbar: *Entweder sind Individuen, die in der Vergangenheit an verschiedenen Orten und je nachdem auch in verschiedenen Galaxien – schließlich kennt der Buddhismus viele Welten – die gleiche Art schlechten Karmas angehäuft haben, alle in der gegenwärtigen Generation als Tibeter wiedergeboren worden. Sie erfahren also ihr Karma kollektiv.*

In einer zweiten Lesart geht er hingegen davon aus, dass in der Vergangenheit *das tibetische Volk beziehungsweise das buddhistische Land in der Ausübung der Lehre des Buddha Fehler begangen hat. Unglücklicherweise gab es Fälle, wo im Namen der Religion oder gewisser Institutionen ungesunde Dinge geschehen sind und Ausbeutung betrieben wurde.*[148] Schließlich gab es auch *viele dumme, gierige Mönche [...], idiotische Lamas, die manchmal bestürzende Dinge taten*[149], was in der Summe bedeuten könnte, die Tibeter hätten ihr Schicksal in gewisser Weise nicht nur wegen falscher politischer und militärischer Entscheidungen selbst verschuldet, sondern ihre Leiden sogar verdient! Jedem, der nicht an die quasi naturgesetzlich funktionierenden Vergeltungsregeln der Karma-Lehre glaubt, scheinen solche Erklärungen kaum angemessen. Dass aus diesem Vergeltungsmechanismus aber auch Trost und Hinnahme der Umstände erwachsen können, ist genauso schwer zu begreifen. Und dennoch: Da insbesondere Gewalt negatives Karma erzeugt – auch für nichtbuddhistische Täter –, können buddhistische Tibeter nicht nur sicher sein, dass die Chinesen ihre gerechte Strafe ereilt. Nein, sie können sogar aufrichtiges Mitleid mit den Chinesen entwickeln, die sich durch das an Tibet verübte Unrecht ihr zukünftiges Los so unendlich erschweren. Die Chinesen seien *in großer Gefahr, ihre nächsten Leben auf tiefer Stufe und im Elend führen zu müssen, und unsere Pflicht ist es, ihnen – wie jedem anderen Lebewesen – zu helfen, damit sie zum Nirvana emporsteigen können, statt auf niedrigere Schichten der Wiedergeburt absinken zu müssen*[150]. Und diese Hilfe kann nur durch das Praktizieren von Gewaltlosigkeit, Mitleid und Wohlwollen geleistet werden. Diese Überzeugung, insbesondere vom absoluten Primat der Gewaltlosigkeit, hat der Dalai Lama erst im indischen Exil schrittweise ausgebaut. Die tibetische Innenpolitik vor 1959 war mit Sicherheit weit weniger von diesen Idealen geprägt. So finden sich auch hin und wieder Äußerungen, wonach dann, *wenn es klare Anzeichen gibt, daß es keine Alternative zur Gewalt gibt, auch Gewalt zulässig*[151] sei.

Ahimsa als das Gebot des Nichtverletzens von Lebewesen ist ein altes indisches Konzept, dem sowohl Hinduismus als auch Buddhismus folgen und das alle Lebensbereiche durchziehen sollte. Im Privaten bedeutet dies beispielsweise eine Befürwortung fleischloser Ernährung. Auch der Dalai Lama strich Mitte der sechziger Jahre Fleisch von seinem Speiseplan, musste den Vegetarismus wegen einer Hepatitiserkrankung auf Anraten seiner Ärzte aber wieder aufgeben.

In Regierungsangelegenheiten ist Gewaltlosigkeit aber von den Vorgängern des Dalai Lamas nie radikal als politische Direktive verstanden worden. Der tibetische Buddhismus scheint diese neue Betonung von Gewaltlosigkeit als dem Maß allen Handelns eher einem hinduistischen Vorbild, Mahatma Gandhi, zu verdanken. Allerdings hat der Dalai Lama nie wie jener zum zivilen, gewaltlosen Ungehorsam aufgerufen – was China auch bestimmt nicht in die Knie zwingen würde –, sodass sein Weg entschieden passiver ist. Unter den gegebenen Bedingungen fehlt der Politik des Dalai Lamas damit eine sich zuspitzende Dramatik, die eine Lösung unumgänglich macht. Wohl gelingt es dem Dalai Lama, Blutvergießen weitgehend zu vermeiden. Im Ergebnis aber läuft der Dalai Lama so Gefahr, zwar ewig als der moralische, aber nie als der tatsächliche Sieger dazustehen. Gerechtigkeit? Vielleicht im nächsten Leben, mit Sicherheit irgendwann. Wer an karmische Vergeltung glaubt, kann warten.

Nach dem Tod des Ministerpräsidenten Zhou Enlai im Januar 1976 und des Parteichefs Mao Zedong im September desselben Jahres sowie nach der Verhaftung der linksradikalen «Viererbande» um Maos zweite Frau Jiang Qing setzte sich in China allmählich der gemäßigte Kurs Deng Xiaopings durch. Der schönste Erfolg der um internationale Anerkennung bemühten chinesischen Regierung wäre die friedliche Rückkehr des Dalai Lamas. Nicht als weltliches, aber als religiöses Oberhaupt würde man ihn dulden. China begann daher Ende 1976 mit einer Reihe einseitiger Gesten guten Willens, entließ einige seit 1959 inhaftierte «konterrevolutionäre» Tibeter, etwa den ehemaligen Leibarzt des Dalai Lamas, Tendzin Chödrak. Eine Gruppe von Exilanten, die ihre Heimat sehen wollten, erhielt Visa, und die chinesische Regierung stellte in Aussicht, dass Tibeter ihre Verwandten im Ausland besuchen dürften.

Am 2. Mai 1977 berichtet die «Times» in London von einer kleinen Sensation: einer Einladung an den berühmtesten tibetischen Exilanten selbst, die gegen Ende 1978 mehrmals wiederholt wurde. Den Weg hatte unabsichtlich auch Ren Rong, damals Erster Sekretär der KPCh in der Autonomen Region Tibet, bereitet. Ständig hatte er vollkommen unrealistische Erfolgsmeldungen über die blühende Wirtschaft und die außerordentliche Hingabe der Tibeter an die kommunistische Sache ins weit entfernte Beijing geschickt. Da dort niemand die tatsächliche Lage kannte, schien man ihm Glauben geschenkt zu haben – und die Fortschritte auch den Exilanten zeigen zu wollen. Selbst den Panchen Lama ließ man an den Dalai Lama appellieren, nach Tibet zurückzukehren.

Im August 1979 trat eine kleine Gruppe von Exiltibetern die Reise nach Tibet an. Ein Desaster: Die Exilanten zeigten sich schockiert angesichts der herrschenden Armut, die Chinesen waren entsetzt ob der frenetischen Begeisterung, mit der die Tibeter die Gesandten des Dalai Lamas empfingen. In völliger Verkennung der Lage hatte man befürchtet, die von Ren Rong gepriesene Hingabe der Tibeter an den Kommunismus könnte zu unschönen Szenen gegenüber den Repräsentanten der ehemaligen «Unterdrücker» führen. Dass den Geschwistern des Dalai Lamas die Kleider zerfetzt würden, um Reliquien zu bekommen, hatte man nicht für möglich gehalten. Beijing wird erleichtert gewesen sein, dass der Dalai Lama eine für Ende 1980 vage in Aussicht genommene Be-

Der Panchen Lama X.

Der zweithöchste Lama der Gelugpa war 1959 in Tibet geblieben. 1962 schrieb er ein 70 000 Schriftzeichen langes Protestdokument gegen die chinesische Politik und machte sich so zum Ziel einer von China verordneten Aggression. Nach siebzehn Tagen öffentlicher Demütigung in «Kampfsitzungen» wurde er bis zum Tod Maos 1976 wegen konterrevolutionärer Ansichten in Umerziehungslagern und Gefängnissen inhaftiert, musste später in Beijing leben und trotz seines Status als Mönch gegen seinen Willen heiraten. 1982 erlaubte man ihm erstmals wieder, Tibet zu besuchen. 1988 offiziell rehabilitiert, starb er am 28. Januar 1989, während er den Wiederaufbau seines Klosters Tashilhünpo überwachte, an einem Herzinfarkt. Dies geschah nur eine Woche nach seiner Äußerung, die Kulturrevolution sei die größte Katastrophe in der Geschichte Chinas, was Gerüchte um einen unnatürlichen Tod schürte. China verlor mit ihm einen wichtigen potenziellen Mittelsmann zum Dalai Lama.

Zum tibetischen Neujahr 1983 trägt der Dalai Lama eine traditionelle Kopfbedeckung, derentwegen seine Tradition zuweilen auch «Gelbmützenschule» genannt wird.

suchsreise absagte. Nicht auszudenken, was seine Anwesenheit in Lhasa hätte auslösen können.

Die kritischen Berichte der tibetischen Delegationen auf ihrer Rückreise über Beijing sorgten dort für solchen Aufruhr, dass noch im Jahr 1980 Generalsekretär Hu Yaobang und Vizepremier Wan Li die Autonome Region Tibet besuchten, um sich selbst ein Bild zu machen. Die Lage erwies sich als dramatisch, der ultralinke Ren Rong wurde sofort abgesetzt, Yin Fatang zum neuen Parteisekretär der Autonomen Region Tibet ernannt. Tibet sollte wieder «tibetischer» werden: Chinesische Kader sollten abgezogen werden, einige Klöster wurden restauriert, individuelle Religionsausübung war endlich wieder erlaubt. *Die Chinesen haben das religiöse Leben so sehr unterbunden, dass das Ergebnis kontraproduktiv war. Insbesondere auch die Jugendlichen wenden sich heute mit großem Eifer der Religion zu.*[152]

Noch bis 1984 zogen sich zaghafte Versuche hin, Verhandlungen über eine Rückkehr aufzunehmen. Gyalo Dhöndup reiste zwölfmal als Vermittler nach Beijing und überbrachte Angebote nach Dharamsala, der Dalai Lama solle das indische Exil aufgeben und – finanziell versorgt und mit diversen Ehrenämtern versehen – künftig in Beijing leben, von wo aus er von Zeit zu Zeit Tibet besuchen dürfe. Der exiltibetische Gegenvorschlag wollte die Rückkehr des «Kostbaren Siegers» an die Schaffung eines entmilitarisierten, innenpolitisch autonomen Großtibets knüpfen. Die Idee war schön, aber von vornherein zum Scheitern verurteilt. Schließlich war China allein an der Stabilität und Legitimierung seiner Herrschaft in Tibet interessiert – nur deshalb sollte ja der Dalai Lama zurückkehren – und gewiss nicht daran, die Fesseln um diesen Teil seines Territoriums zu lockern. *China lehrt uns Geduld*[153], fasste das «Juwel der Weisheit» die Verhandlungen zusammen. Oder anders gesagt: Die Gespräche verliefen im Sande.

Auf dem politischen Parkett

Etwa von 1987 an begann die tibetische Exilregierung durch eine breitangelegte Kampagne international präsent zu werden, in der Hoffnung, so Druck auf China ausüben zu können. Zuvor hatte sich der Dalai Lama weitestgehend politischer Äußerungen in der Öffentlichkeit enthalten. Damit war nun Schluss. Eine der ersten diplomatischen Reisen führte auf Einladung der Bundestagsabgeordneten Petra Kelly (DIE GRÜNEN) 1987 in die Bundesrepublik Deutschland. Den Regierenden kam dies sehr ungelegen. Der damalige Bundeskanzler Helmut Kohl (CDU) hatte im Sommer desselben Jahres als erster amtierender ausländischer Regierungschef im Rahmen einer offiziellen Chinareise Lhasa besucht und sich abfällig über die Verbindung von Menschenrechtsfragen mit diplomatischen Besuchen geäußert.[154] Wie Bundespräsident Richard von Weizsäcker (CDU) weigerten sich sowohl der Kanzler als auch Außenminister Klaus Kinkel (FDP), den Dalai Lama bei dessen Deutschlandbesuch zu empfangen. Unverständlich ist diese Weigerung nicht, schließlich war das vorrangige Ziel deutscher Chinapolitik auch in dieser Zeit, die wirtschaftlichen Beziehungen zu fördern, denen ein Staatsempfang für den Dalai Lama mit Sicherheit geschadet hätte. Auch als es längst schick war, den Dalai Lama zu treffen, und er bereits vor dem Europäischen Parlament und vor Unterausschüssen des amerikanischen Kongresses sprechen durfte, verweigerten ihm westliche Regierungschefs offizielle Empfänge: Selbst der amerikanische Präsident und erklärte Tibet-Sympathisant Bill Clinton schickte 1998 seine Frau Hillary als Gastgeberin vor, um dann ganz privat bei deren Treffen mit dem Dalai Lama auftauchen zu können.[155]

In seiner ersten öffentlichen politischen Rede, gehalten vor dem amerikanischen Kongressausschuss für Menschenrechte in

Washington am 22. September 1987, stellte der Dalai Lama erstmals einen «5-Punkte-Friedensplan» für Tibet vor. Das Klima war günstig. Bereits im Juni hatte das Repräsentantenhaus eine Resolution verabschiedet, die das an Tibet begangene Unrecht verurteilte, und forderte die Regierung auf, sich für die Einhaltung der Menschenrechte in Tibet einzusetzen. Auch der Deutsche Bundestag zeigte sich engagiert. Am 15. Oktober 1987 verabschiedete er über alle Fraktionsgrenzen hinweg einstimmig und ohne Enthaltungen einen gemeinsam eingebrachten Antrag: Die Regierung solle für ein Ende der Menschenrechtsverletzungen und einen Dialog Chinas mit dem Dalai Lama eintreten. Dieser versuchte nun vor so viel Öffentlichkeit wie möglich, Tibets strategische Lage ins Spiel zu bringen, und präsentierte sein Konzept eines entmilitarisierten Pufferstaats zwischen China, Indien und der UdSSR, *für den Tibet in seiner Gesamtheit, also die Ostprovinzen Kham und Amdo eingeschlossen, in eine Zone des Friedens und der Gewaltlosigkeit umgewandelt wird*[156]. In ebendieser potenziellen Friedenszone fühlten sich einige Mönche durch seine Vorschläge, die ihren Weg über Radioprogramme der «Voice of America» und «BBC China» auch nach Tibet fanden, keine Woche später zu zunächst friedlichen Demonstrationen aufgerufen, die sich aber schnell ausweiteten und in Unruhen und blutigen Auseinandersetzungen mit der chinesischen Staatsmacht umschlugen. Tote, Verletzte und Hunderte von Verhafteten waren die Folge.

Der 5-Punkte-Friedensplan

1. Tibet soll zu einer Friedenszone werden.
2. Die massive Umsiedlung von Chinesen nach Tibet muss aufhören.
3. Die fundamentalen Menschenrechte und demokratische Freiheiten müssen respektiert werden.
4. Die großskalige Umweltzerstörung in Tibet muss gestoppt werden. Das Land darf nicht als Müllhalde für radioaktiven Abfall aus China oder westlichen Ländern missbraucht werden.
5. Ernsthafte Verhandlungen zwischen dem tibetischen und dem chinesischen Volk über den künftigen Status Tibets müssen aufgenommen werden.

Anfang April 1988 ging China erneut auf den Dalai Lama zu und erklärte: Wenn dieser das Ziel der Unabhängigkeit aufgebe, sei auch Tibet – statt Beijing – als sein künftiger Aufenthaltsort denkbar. Zwei Monate darauf nannte der Dalai Lama zum ersten Mal in einer öffentlichen Antwort seine Bedingungen. Diese 1988 in Straßburg vor dem Europäischen Parlament abgegebene Erklärung klingt für westliche Ohren zwar gefällig und nach einer idealen Kompromisslösung, verwirrte in ihrer Sprachregelung aber die chinesischen Machthaber und stieß auf große Ablehnung unter den Tibetern im Exil, besonders beim Tibetischen Jugendkongress.[157] Öffentlich erklärte er nun, den Anspruch auf Unabhängigkeit aufgeben zu wollen, wie es die Volksrepublik stets gefordert hatte. Auf Anraten seines juristischen Beraters Michael van Walt van Praag schlug der Dalai Lama als rechtliches Modell der Beziehung Tibets zu China das der (kündbaren) Assoziation vor und erinnerte an das historische Muster der «Chö-yön»-Beziehungen von Priester und Patron. China sollte die Außen- und Verteidigungspolitik übernehmen dürfen, Großtibet aber eine interne politische Identität sowie religiöse und politische Autonomie gewähren. Diese Regelung wäre für Tibet schlechter als Unabhängigkeit, aber besser als volle Integration. Sie erinnert an eine Mischung aus dem «17-Punkte-Abkommen» von 1951 und dem «Ein-Land-zwei-Systeme»-Angebot Chinas an Taiwan, Hongkong und Macau. *Der Grund, weshalb ich Autonomie und nicht Unabhängigkeit fordere, ist: […] Tibet ist in materieller Hinsicht zurückgeblieben, kein Zweifel. In moderner Bildung sind wir völlig rückständig, weil wir das stark vernachlässigt haben. […] Und weil Tibet in dieser Hinsicht nachhinkt, brauchen wir viel Technologie, Investitionen und Maschinen, und deshalb bleiben wir ein Teil der Volksrepublik China, vorausgesetzt die chinesische Seite respektiert unsere Kultur und gibt uns die Freiheit, unser Erbe zu erhalten.*[158]

Nach anfänglichem Interesse Chinas gewannen dort aber die Hardliner die Oberhand, sie waren überzeugt, der Vorschlag meine letzten Endes doch weniger partielle Autonomie, sondern laufe auf getarnte Unabhängigkeit hinaus. Zu Gesprächen war es nicht gekommen. Ende des Jahres verschlechterten neue Aufstände in Lhasa die Stimmung in Beijing weiter. Die wohl größte Chance zum direkten Dialog aber vergab der Dalai Lama Anfang 1989 selbst, als er eine (von der chinesischen Regierung angeregte) Einladung der Chinesischen Buddhistischen Assoziation ausschlug, in Beijing an Feierlichkeiten für den verstorbenen zehnten Panchen Lama teilzunehmen.

In Tibet kam es derweil zu weiteren Aufständen. China sah sich zudem nach dem Tod Hu Yaobangs mit Trauerkundgebungen, insbesondere auf dem Tiananmen-Platz in Beijing, konfrontiert, die unversehens zu einer von Studenten und Arbeitern getragenen Demokratiebewegung anwuchsen. Ministerpräsident Li Peng ließ den Platz vor dem «Tor des Himmlischen Friedens» in der Nacht vom 3. auf den 4. Juni 1989 mit Panzern räumen. Die genaue Zahl der Toten ist unbekannt.

Keine vier Monate später verkündete in Oslo das Nobel-Komitee unter dem Vorsitz von Egil Aarvik, dass man dem Dalai Lama den diesjährigen Friedensnobelpreis zugesprochen habe. Sicherlich kein Preis allein für den Dalai Lama, sondern wohl auch als Zeichen gegen Chinas brutale Niederschlagung der Demokratiebewegung gedacht. Die Tibeter waren von der Verleihung überwältigt, fast so, als bedeutete der Preis die Wende zum Guten. So klang auch Tendzin Gyatsos Dankesrede sehr hoffnungsvoll: *Alle Menschen wollen Freiheit und das Recht, ihr eigenes Schicksal als Individuen und Völker zu bestimmen. Das ist die menschliche Natur. Die großen Veränderungen, die überall in der Welt stattfinden, von Osteuropa bis Afrika, sind ein eindeutiges Anzeichen dafür. In China wurde die allgemeine Demokratiebewegung im Juni dieses Jahres von brutalen Kräften zerschlagen. Aber ich glaube nicht, dass die Demonstrationen vergeblich waren, weil der Geist der Freiheit im chinesischen Volk*

Aus der Begründung des Nobelpreis-Komitees

«Der diesjährige Friedensnobelpreis wurde Seiner Heiligkeit, dem Dalai Lama [...] für seinen unbeirrbaren Widerstand gegen den Gebrauch von Gewalt im Kampf seines Volkes, Freiheit wiederzuerlangen, verliehen. [...] Es wäre schwierig, irgendein historisches Beispiel für das Ringen einer Minderheit [...] zu finden, in der eine versöhnlichere Haltung dem Gegner gegenüber eingenommen wurde. Es liegt nahe, ihn mit Mahatma Gandhi zu vergleichen, [...] und der Dalai Lama sieht sich gerne als einer von Gandhis Nachfolgern. Die Menschen haben sich hin und wieder gewundert, warum Gandhi selbst der Friedensnobelpreis nie zugesprochen wurde, und das heutige Nobel-Komitee kann ungestraft diese Überraschung teilen, während es die diesjährige Verleihung des Preises zum Teil als Tribut an das Andenken Mahatma Gandhis betrachtet.»

1989 wird dem Dalai Lama der Friedensnobelpreis von Egil Aarvik überreicht.

wieder entzündet wurde, und China kann der Wucht dieses Freiheitsgeistes nicht entkommen, der viele Teile der Welt mitreißt.[159]

Sicher war 1989 ein schicksalsträchtiges Jahr, doch der Dalai Lama irrte sich in seiner Hoffnung. Zwar begann sich infolge der Politik des sowjetischen Staats- und Parteichefs Michail Gorbatschow der Eiserne Vorhang 1989 zu heben, und in Deutschland fiel die Mauer; zwar läutete in Südafrika ein erstes Treffen von Nelson Mandela und Präsident Pieter Willem Botha das Ende der Apartheid in Südafrika ein. Aber China sah, sicher auch wegen dieser hohen Ehrung des Dalai Lamas, nur Gründe, in Tibet fester zuzugreifen und nicht etwa lockerzulassen. War es also ein Pyrrhussieg, dieser Friedensnobelpreis? Sicher gab er die Initialzündung für einen immensen internationalen Popularitätsschub – wenngleich langfristig mehr für den Dalai Lama als modernen Heilsbringer in einem sinnhungrigen Westen als für die Sache der Tibeter als solche. Der bilateralen Politik zwischen Exiltibet und China aber hat die Verleihung geschadet. Dass der Friedensnobelpreis ausgerechnet dem Dalai Lama zugesprochen wurde, konnte das stolze China wahrscheinlich nicht anders

Der Dalai Lama bei der Eröffnung einer internationalen Tibetkonferenz in Bonn, Juni 1996

als eine internationale Demütigung begreifen. So ist denkbar, dass der Nobelpreis die Chancen eines funktionierenden Dialogs mit China eher schmälerte als förderte und der Dalai Lama spätestens durch seine auf die Verleihung folgenden weltweiten Kampagnen, die das chinesische Unrecht laut anprangerten, die Kluft weiter vergrößerte. *Völkermord* wirft er China vor.[160] Dort kontert man und nennt den Dalai Lama und seine «Clique» von nun an «Spalter» des Mutterlandes. Diese neue Rhetorik wird bis heute durchgehalten. Politische Kontakte zwischen China und dem Dalai Lama schleppten sich noch bis 1993 hin, um dann für neun Jahre völlig abzubrechen. Dann war es wieder einmal der inoffizielle Kontaktmann des Dalai Lamas zu China, sein Bruder Gyalo Dhöndup, der den Weg für eine Delegation der Exilregierung bereitete. Sie reiste im September 2002 zu Gesprächen mit der chinesischen Führung nach Beijing, «weil [diese] mit Blick auf die Olympischen Spiele 2008 und die Weltausstellung 2010 auf einen guten Ruf bedacht ist»[161], wie der mitreisende Kelsang Gyaltsen, EU-Gesandter des Dalai Lamas in Brüssel, nüchtern zusammenfasste. Ergebnisse blieben aus. Aufstände gegen die Chinesen im März 2008, bei denen es in Lhasa, aber auch in anderen Provinzen zu Toten und Verletzten kommt, unterdrückt die chinesische Regierung mit äußerst harter Hand rechtzeitig vor der Eröffnungsfeier der Spiele. Wieder ist der Dalai Lama der «Spalter», der «Wolf im Schafspelz», auch wenn er von sich weist, die Unruhen angestiftet zu haben, und sich öffentlich gegen einen Boykott der Spiele ausspricht. Internationale Proteste zwingen China und Gesandte des Dalai Lamas zwar an einen Tisch, doch die Verhandlungen beginnen zäh, bleiben bald stecken. Und nach den Spielen herrscht wieder Stille.

Tibetische Demonstranten verbrennen chinesische Fahnen in Lhasa, Mitte März 2008.

Der spirituelle Botschafter

Ich bin nun mehr als dreißig Jahre im Exil, und obwohl ich etwas Studium und Ausübung des Dharma zuwege gebracht habe, verstreicht der größte Teil meines Lebens müßig und ohne viel Nutzen.[162] Das eigentliche Anliegen des Dalai Lamas war nie die Politik, sondern die Religion. Und tatsächlich hat wohl keiner so viel dazu beigetragen, die Kunde vom tibetischen Buddhismus in der Welt zu verbreiten. Oft ist er insgesamt die Hälfte eines Jahres unterwegs, vor allem in westlichen Unterstützerländern, allen voran Deutschland, die USA und die Schweiz. Tibeter gibt es in diesen Ländern allerdings nur einige Tausend. Bei Massenveranstaltungen im Westen, wie etwa im Central Park in New York, wo er im August 1999 vor 40 000 Besuchern spricht, trifft der Dalai Lama oft auf ein Publikum, das kaum im tibetischen Buddhismus verankert sein dürfte.

Der Dalai Lama mit dem Physiker Carl Friedrich von Weizsäcker bei einem wissenschaftlichen Kongress, 1986

Die Erwartungen seines jeweiligen Publikums wirken sich natürlich auf den Inhalt seiner Reden aus. Bei Veranstaltungen mit illustren Naturwissenschaftlern wie Carl Friedrich von Weizsäcker, Fritjof Capra, David Bohm, Gregory Bateson, Rupert Sheldrake oder Francisco Varela debattiert er von seiner buddhistischen Warte aus in höchstem Maß interessiert, kenntnisreich und scharfsinnig mal über die Natur des menschlichen Geistes, mal über Traum, Schlaf und Tod als Grenzbereiche des Bewusstseins. Einen eher professoralen Dalai Lama trifft man bei Veranstaltungen in buddhistischem oder universitärem Milieu, bei denen er als gelehrte Autorität des tibetischen Buddhismus auftritt und unter Beweis stellt, dass er über eine umfassende Kenntnis und ein tiefes Verständnis der überlieferten alten Texte verfügt und diese klar und prägnant darzulegen vermag. Am anderen Ende des Spektrums finden sich schließlich leichtverständliche, von buddhistischen Fachausdrücken weitgehend gereinigte, geradezu standardisierte Vorträge für eine dritte Gruppe: die der aufrichtig Interessierten und weitgehend Ahnungslosen. Wo Publicity-Anliegen enden und der Wunsch nach ernsthafter Verbreitung der buddhistischen Lehren beginnt, ist nicht immer einfach auszumachen. Den Vorwurf der Naivität und Vereinfachung muss man im Zweifelsfall eher dem westlichen Publikum als ihm machen, erhofft es sich doch eingängige Weisheiten, Seelenbalsam, Lebenssinn und Glück, vor allem aber schnelle spirituelle Erfolgserlebnisse vom beliebtesten aller modernen Heilsbringer. Wer «Buddhismus light» bestellt, bekommt auch vom Dalai Lama nicht mehr als Binsenweisheiten. Er selbst wundert sich durchaus, dass viele Menschen im Westen zu glauben scheinen, es gebe beschleunigende Abkürzungen auf dem Pfad zur Erleuchtung, sodass man *innerhalb von ein, zwei Wochen eine spirituelle Erfahrung erlangen kann. Doch das ist Unfug.*[163]

Über seine eigenen spirituellen Fortschritte spricht er kaum. In der Mitte der 1960er Jahre scheint er im Hinblick auf die Leerheit und den Geist des Erwachens eine bestimmte Schwelle überschritten zu haben. *Aber das ist wirklich eine sehr persönliche Sache. Jeder, der sich wirklich um seine religiöse Praxis kümmert, muß darüber Schweigen bewahren.*[164]

Für tibetische Mönche ist ein Treffen mit Seiner Heiligkeit dem Dalai Lama ein großes Ereignis, Oktober 1999.

Auch über seine Bücher erreicht er Massen, der Dalai Lama ist heute längst Auflagenmillionär, seine Bücher sind Bestseller. Neben zwei Autobiographien gehören dazu gleichermaßen buddhistische Fachliteratur und allgemeine Ratgeber zur Lebensführung – Literatur für jede Lebenslage. Er bestückt die Regale dabei mit recht unterschiedlichen Büchern, manche klar geschrieben und außerordentlich kompakt, etwa das *Blo gsar mig 'byed*[165] von 1963, das einen Überblick über buddhistische Theorie und Praxis für tibetische und westliche Leser geben soll, die nicht die Möglichkeit haben, die indischen und tibetischen Texte im Original zu lesen. Daneben dann Abschriften von leichteren, im Charakter dennoch buddhistischen Unterweisungen. Hinzu kommen «Dialog»-Bücher schwankenden Anspruchs und seit Ende der 1990er Jahre sich explosionsartig vermehrende «Nachttisch»-Bücher mit kleinen freundlichen Lebensweisheiten, die derart allgemein gehalten sind, dass sie (mit Erlaubnis des Verlags, aber ohne Zustimmung des Dalai Lamas) in Auszügen auch schon in der «Bild»-Zeitung nachgedruckt wurden.[166]

Hörbücher, Kalender, DVDs ergänzen die Möglichkeiten, sich den Dalai Lama und seine Weisheiten für kleines Geld ins Haus zu holen.

Die inhaltliche Redundanz in den Büchern des Dalai Lamas mag intellektuell ermüdend erscheinen, ist aber bei der kompilierenden Texterstellung ursprünglich mündlichen Materials unausweichlich. Doch erklärt er etwa in *Die Freude, friedvoll zu sterben und zu leben*, dass diese Wiederholungen nicht zufällig geschehen: *Es reicht einfach nicht aus, etwas schon zuvor gehört oder gelesen zu haben; Sie sollten sich wiederholt bemühen, es in Ihrer spirituellen Praxis anzuwenden, denn nur dann werden Ihnen diese Unterweisungen wirklich nützen.*[167] Seine Botschaft ist also im Grunde stets die gleiche. Nur soll eben einmal ein gläubiges Publikum profitieren, mal mehr professoral denn priesterlich ein nichtbuddhistisches Publikum angesprochen werden.

Was der Dalai Lama fordert und fördert, ist nicht weniger als eine «Ethik für das neue Jahrtausend». *Dabei geht es um globale Verantwortung und universale Prinzipien, nach denen im Grunde alle Menschen (und alle anderen fühlenden Lebewesen) danach streben, glücklich zu sein und Leiden zu vermeiden.*[168] *Meine Botschaft an alle ist: Nächstenliebe, ein gutes Herz und Mitgefühl. Das ist meines Erachtens der Kern dessen, was alle Religionen predigen.*[169]

Für seine Entwürfe einer besseren, warmherzigeren, glücklicheren Welt schätzt man ihn, für sein uneitles, fröhliches Auftreten liebt man ihn, man hält ihn für glaubwürdig und gütig. Doch scheint sich die westliche Welt noch nicht entschieden zu haben, was er alles sein soll: «Religiöse Pop-Ikone» («Focus»), «Buddhas bester Mann» («Stern»), «Antiserum zum grassierenden Kapitalismus» («New York Times») sind einige seiner neuen Titel. Man will nicht nur seine Weisheit und seinen Witz, man will einen lachenden Dalai Lama zum Anfassen, dem man Fragen nach der Anzahl seiner Roben und modischen Brillen stellen darf, einen aufgeklärten, modernen buddhistischen Lehrer und zugleich einen entrückten heiligen Zeremonienmeister, der über mythisches Wissen verfügt und geheime Initiationen vollzieht. Er selbst sieht diesen weiten Erwartungshorizont und das wachsende Interesse, das dem Buddhismus im Westen entgegengebracht wird, gleichermaßen gelassen. *Ich messe dem keine besondere Bedeutung bei, es freut mich aber, daß es inzwischen weltweit mehr als fünfhundert tibetisch-buddhistische Zentren gibt, viele davon in Nordamerika und Europa. […] Ich bin immer froh, wenn jemand aus der Anwendung buddhistischer Methoden einen Nutzen zieht; was aber den Wechsel von einer Religion zur anderen betrifft, sollte sich der Betreffende dies zuvor sehr gut überlegen.*[170]

Gerade die zunächst scheinbar leichte Zugänglichkeit des Buddhismus à la Dalai Lama darf man nicht falsch verstehen. Zwar kann jeder eine Eintrittskarte für die Großveranstaltungen mit seinen religiösen Unterweisungen lösen, aber unüberlegt an einer Initiation teilzunehmen, die er im Rahmen dieser Einführungen oder Zeremonien anbietet, sollte man vermeiden. Denn *wenn eine Initiation erfolgt ist, hat der Betreffende große Verantwortung, die Gelöbnisse und Gelübde einzuhalten*[171]. Ein Christ, der sich bereits mit buddhistischen Lehren beschäftigt hat, mag zwar nach der Auffassung des Dalai Lamas die Bodhisattva-Gelübde ablegen, deren Selbstverpflichtung zu einem ethischen Lebenswandel inhaltlich nicht mit christlichen Überzeugungen kollidiert. *Man kann also zu Anfang Buddhismus und Christentum gleichzeitig praktizieren.* In einem späteren Stadium wird die doppelte Religionspraxis aber fraglich, ja unmöglich, schon deshalb, weil der Buddhismus keinen Schöpfergott kennt. *Erreicht man eine bestimmte Stufe der buddhistischen Praxis, besteht ein maßgeblicher Aspekt des Weges im wirklichen gelebten Wissen um die Leerheit. Die Vorstellung von Leerheit und die von einem absoluten Schöpfer sind, denke ich, schwer miteinander vereinbar.*[172] Vor einem voreiligen Wechsel der Religionszugehörigkeit warnt der Dalai

Kein Tibet-Schwärmer

Nicht immer war der Westen wie heute anfällig für Begeisterungsausbrüche angesichts eines tibetischen Rituals oder Mönchs. So schrieb etwa der Brite George Bogle, der Tibet 1774 dienstlich bereiste und im Kloster des Panchen Lamas wohnte, an seinen Vorgesetzten: «Ich weiß nicht, was ich tun könnte, um die Erzählung dieser ermüdenden Zeremonien zu unterbrechen, und wie der Bericht über das langweilige und einförmige Leben, das ich in Teshu Lumbo führte, unterhaltender zu machen wäre.
Es war dort mönchisch im höchsten Grade. Nichts als Priester, nichts vom Morgen bis zur Nacht als der Gesang von Gebeten und die Töne von Becken und Handtrommeln.»

Lama ausdrücklich – und verschafft sich durch diese nichtmissionarische Haltung neue Sympathisanten. *Im allgemeinen halte ich es für besser*, rät er seinem Publikum, *wenn Sie eine Ihrem traditionellen Hintergrund gemäße Religion ausüben, und sicher können Sie dabei manche buddhistische Technik gebrauchen. Sie müssen sich nicht die Lehre von der Wiedergeburt und die ganze komplizierte Philosophie zu eigen machen. Nutzen Sie einfach gewisse Techniken, damit sich Ihre Geduld, Ihr Mitgefühl, Ihre Bereitschaft zur Vergebung verstärken.*[173]

Man sollte dies gewiss nicht so verstehen, dass er den tibetischen Buddhismus als sorglos zu plündernden, spirituellen Selbstbedienungsladen anbieten will. Ernsthafte Auseinandersetzung ist durchaus gefordert. So kritisiert er, wenn auch recht milde, *eine gewisse Tendenz* bei den neuen Dharma-Praktizierenden des Westens: *Sie sind darauf erpicht, an Initiationen teilzunehmen, ohne zuvor eine kritische Untersuchung vorgenommen zu haben.*[174] Wahrscheinlich kennen sie nicht das tibetische Sprichwort: «*Was die Schüler betrifft, so sollen sie sich nicht auf einen Meister stürzen wie ein Hund auf ein Stück Fleisch*», so formuliert er an anderer Stelle vergleichsweise drastisch und warnt, dass jeder, bevor er eine spirituelle Bindung zu einem Meister eingeht, *alles reiflich überlegen und seine Qualitäten testen*[175] soll. Es scheint vertrackt: Wenn sich die Neu-Buddhisten dann allerdings nach reiflicher Überlegung irgendwann für einen bestimmten Meister entschieden haben, fällt ihm wiederum oft *eine gewisse Tendenz zum Sektierertum*[176] auf, die zu übertriebenem Personenkult führen kann. Dabei gibt es für solche Fälle, so erklärt er, doch die auf den Buddha zurückgehende Selbsthilferegel: *Verlaß dich nicht auf die Person, sondern auf die Lehre. Was die Lehre angeht, so verlaß dich nicht auf die Worte, sondern auf deren Bedeutung. Bei der Bedeutung wiederum verlaß dich nicht auf die verschieden auslegbare, sondern auf die endgültige. Um diese maßgebliche Bedeutung zu erfahren, soll man sich nicht auf den normalen Bewußtseinszustand verlassen, sondern man muß sie mit einem vertieften Bewußtsein der Weisheit verstehen. Deshalb kann die Richtigkeit der Lehren nicht nach der Person beurteilt werden, die sie verkündet; man muß die Lehren selber erforschen.*[177]

Auch beschäftigt ihn, dass unter dem Deckmantel des tibetischen Buddhismus vereinzelt Skandale und sexueller oder finanzieller Missbrauch stattgefunden haben. Und dann sind da auch noch *gewisse Übertreibungen auf tibetischer Seite, was den Nutzen bestimmter Übungen angeht, man sagt zum Beispiel, nach dieser Initiation wirst du lange leben und deine Gesundheit wird sich bessern. Aber erst mal müssen die Tibeter selbst demonstrieren, dass sie lange leben!*[178]

Doch der Bedarf nach Initiationen ist da, und auch wo wenig buddhistische Vorkenntnisse vorhanden sind, vollzieht sie der Dalai Lama. Die im Westen bekannteste ist die «Kalachakra»-Initiation, in die er von seinem Lehrer Ling Rinpoche eingeführt wurde und die er selbst 1981 erstmals auch im Westen abhielt. Mit der mehrtägigen Initiation in das «Rad der Zeit» will er nicht nur *Einblick in die tibetische Denk- und Lebensweise geben, sondern auch einen inneren Beitrag zum Weltfrieden leisten*[179]. Erst die Initiation ermöglicht eine erfolgreiche Auseinandersetzung mit den Lehren des Kalachakra. Dessen Lehren sind in der Textsammlung des Kalachakra-Tantras gegen Anfang des 11. Jahrhunderts niedergelegt worden. Es beschreibt das physische Universum, also Phänomene wie Raum und Zeit, es erläutert psychische Vorgänge und Funktionsweisen von inneren Energiebahnen im menschlichen Körper und erklärt Meditationsgottheiten, mit deren Eigenschaften der Meditierende sich zu identifizieren übt. Dass die bei einer Kalachakra-Zeremonie Anwesenden allesamt über die nötigen Kenntnisse im Bereich der grundsätzlichen buddhistischen Prinzipien verfügen, nämlich Erfahrungen in der Entsagung oder dem Streben nach Befreiung, dem Erleuchtungsgeist und der Ansicht der Leerheit, ist unwahrscheinlich. Daher hält der Dalai Lama die vorbereitenden Erklärungen, die er an drei Tagen vor der eigentlichen Initiation gibt, für den eigentlich wichtigsten Teil, *denn da geht es wirklich um die echten buddhistischen Inhalte. Nachher, wenn das Kalachakra-Ritual dann abläuft, ist man doch meistens in Eile, die Ritualpunkte alle durchzubekommen, und kann nicht mehr so auf die Inhalte eingehen.* Er gibt offen zu, dass er die Popularität der Kalachakra-Initiation durchaus auch als Chance sieht, ein möglichst großes Publikum versammeln zu können: *Und wenn sie alle da sind, nutze ich die Gelegenheit, in den vorbereitenden Erklärungen auf das einzugehen, was mir wirk-*

Aus buntem Sand streut der Dalai Lama mit anderen Mönchen ein Kalachakra-Mandala.

lich wichtig ist. Aber anscheinend sind einige noch cleverer als ich. Die lassen nämlich die vorbereitenden Erklärungen aus, sparen sich diese drei Tage und kommen nur noch zur Initiation.[180]

Die Zeremonie selbst ist sehr kompliziert und besteht aus vielen verschiedenen vorbereitenden Reinigungs- und Segnungsritualen, bevor man sich meditativen Versenkungsübungen widmet. Während der Initiation streuen Mönche zudem aus bunt eingefärbtem Sand ein riesiges farbiges «Mandala» als Meditationshilfe, die den Geist auf seiner bevorstehenden Reise lenken soll. Ziel ist, die subtilste Ebene des Bewusstseins aller Lebewesen, den Geist des «Klaren Lichts», von irdischen Befleckungen zu reinigen. *Denn solange dieses grundlegende Bewusstseinskontinuum mit Befleckungen versehen ist, […] so lange spricht man von uns als Lebewesen […], welche die Buddhaschaft noch nicht erreicht haben. Wenn wir jedoch in der Lage wären, dieses grundlegende Bewusstsein von seinen Befleckungen zu befreien […], dann wären wir Buddhas.*[181]

Als Text scheint sich das Kalachakra-Tantra auf mehrere Weisen lesen zu lassen. Heute ist eindeutig die rein spirituelle Deutungsweise vorherrschend, Inhalt des Tantras sei der Kampf gegen innere Konflikte, gegen «Befleckungen» des Geistes, etwa durch Gier, Hass und Stolz, die den Menschen zu schlechten Handlungen verleiten. Andererseits lässt sich der Text jedoch auch als Verteidigung des als Wiege des Kalachakra-Tantras geltenden Königreichs «Shambhala» gegen einen von Barbaren geführten Angriff lesen. Dereinst soll es zu einem großen endzeitlichen Kampf kommen, und inmitten von Krieg und Zerstörung wird aus Shambhala ein weltrettender Herrscher erscheinen, der dann das gesamte Universum in gerechter Weise regieren und ein goldenes Zeitalter einleiten wird. Entstanden sind die Kalachakra-Texte ungefähr zu der Zeit, als die Muslime Asien eroberten und allein in Indien so viele buddhistische Klöster zerstörten, dass der Buddhismus in seinem Mutterland erlosch. Die kriegerischen Passagen in den Kalachakra-Texten – immerhin finden wir detaillierte Beschreibungen für die im letzten Kampf gegen die Barbaren einzusetzenden Waffen und Wurfgeschosse – beziehen sich also wohl nicht nur auf «innere Dämonen», mit denen es zu ringen gilt, sondern auch auf Feinde aus Fleisch und Blut. Diese historisch erklärbare Komponente nun aber so auszulegen, als beabsichtigte ein machtbesessener, dämonischer Dalai Lama, die Weltherrschaft an sich zu reißen, um eine «Buddhokratie» zu errichten, wie einige seiner scharfen Kritiker zu entlarven versuchen, ist völlig haltlos, ja absurd.[182]

Aber Mythen und Legenden können auf unterschiedliche Weisen gefährlich sein. Denn auch die positive romantische Verklärung, die Tibet – wohlgemerkt das «alte», also «echte», «religiöse» Tibet der Zeit vor 1959 – als verborgenes Paradies im Westen erfährt, ist nicht unbedingt ein Segen. Sie beeinflusst die Selbstwahrnehmung und Identitätsbildung der etwa 130 000 Tibeter im Exil und ignoriert zugleich die massiven Veränderungen, denen sich die Mehrheit der Tibeter in Tibet ausgesetzt sieht. Schließlich ist vom geheimnisvollen «Land der Lamas» wenig übrig, nur ein Bruchteil der Tibeter lebt heute in Klöstern, da man nur mit Regierungserlaubnis Mönch oder Nonne werden darf und China kein Interesse an einem umfassenden Wiederaufleben der monastischen Tradition hat. So begreift sich die Exilgemeinde mit ihren einigen tausend Mönchen und Nonnen denn als Hüterin der authentischen tibetischen Kultur. Aber eine so traditions- und facettenreiche Kultur und Geisteswelt nicht nur als museale Folklore zu bewahren, sondern zu modernisieren und dadurch überlebensfähig und lebendig zu erhalten, ist ein schwieriges Unterfangen. Insbesondere dann, wenn sie nur von so wenigen Menschen getragen wird wie den Exilanten und diese nicht einmal alle im selben Land leben. Unbestreitbar werden nicht nur die Tibeter in Tibet von der fremden chinesischen Kultur und Sprache beeinflusst, auch die Tibeter im Exil können (und wollen) sich der Alltagskultur ihrer jeweiligen Gastländer nicht entziehen. So hat die Diaspora auch Auswirkungen auf die tibetische Sprache – selbst die jüngste Schwester des Dalai Lamas hat Schwierigkeiten, Tibetisch zu lesen.[183]

Wer heute durch das Herz der Exilgemeinde, den oft auch «Little Lhasa» genannten kleinen Ortsteil McLeod Ganj von Dharamsala wandert, Popmusik auf Hindi und Tibetisch im Ohr, fühlt sich zuweilen tatsächlich an Lhasa erinnert. Wahrscheinlich aber nicht ausschließlich auf die erhoffte Weise. Dass die Architektur in McLeod Ganj größtenteils nicht traditionell tibetisch ist, erscheint verständlich, schließlich hatte man ein ehemals indisches Dorf bezogen. Lhasa hingegen wirkt heute eher wie eine typisch chinesische Stadt mit einem kleinen tibetischen Altstadtviertel. Manche Institutionen und Tempel der Exilanten tragen in McLeod Ganj dieselben Namen wie in der Heimat, mit dem Ergebnis, dass man hier wie dort Mönche im «Tsuglakhang» beten sieht. Es ist jedoch die Ausrichtung auf touristische Bedürfnisse, in der sich die beiden «wahren Tibets» am ähnlichsten sind. Beide verkaufen Gebetsmühlen und tibetische Rollbilder als Souvenirs, dem «Khana Nirvana Café» Dharamsalas entspricht in Lhasa das «Third Eye Restaurant». In beiden Fällen sind es nicht in erster Linie Tibeter, die von den Sehnsüchten der Besucher profitieren, sondern in Dharamsala indische Geschäftsleute und in Lhasa chinesische Unternehmer. Seit 2006 die höchstgelegene Eisenbahnstrecke der Welt Beijing über Golmud mit dem ehemals so fernen Lhasa verbindet, reisen chinesische Urlauber, und wohl auch Wanderarbeiter, in großer Zahl ins Herz Tibets. Wie dieses heutige, immer chinesischer werdende Lhasa mit den Träumen der Exiltibeter in Einklang zu bringen ist, bleibt offen. Wenn sie mit Sehnsucht von «Lhasa» oder «Tibet» sprechen, dann ist dies eine Heimat im Geist, ein unerreichbares Shangrila. Tatsächlich haben seit den von Hu Yaobang 1978 eingeleiteten Lockerungen chinesischen Angaben zufolge bereits 55 000 der von China als «Übersee-Tibeter» bezeichneten Exilanten Verwandte in Tibet besucht. Dort geblieben sind aber gerade mal 1500.[184] Andere Länder scheinen für manchen Tibeter dann doch attraktiver: *Mir wurde erzählt, dass einige Tibeter so darauf erpicht sind, nach USA auszuwandern, dass sie mogeln, zum Beispiel verkleiden sich Laien als Mönche und gehen so zur amerikanischen Botschaft*[185], denn dann können sie geltend machen, aus religiösen Gründen verfolgt worden und deshalb geflohen zu sein. Auch wenn sie in Indien geboren wurden und Tibet nie gesehen haben.

Pop, Politik, Public Relations

Einer der heute vielleicht einflussreichsten, ganz sicher aber lautstärksten Förderkreise Tibets entdeckte seinen neuen Liebling erst vergleichsweise spät. Erst seit Mitte der 1990er war der Dalai Lama plötzlich äußerst hip in Hollywood. Früh ein Begriff war er sicher in den Kreisen um die amerikanische Schauspielerin Uma Thurman, deren Vater Robert Thurman Anfang der 1960er als erster Westler zum Mönch tibetischer Tradition ordiniert und später Professor für Tibetologie an der Columbia-Universität in New York wurde und dem Dalai Lama seit langem nahesteht. Auch der Schauspieler und Langzeitbuddhist Richard Gere unterstützte die Sache Tibets vergleichsweise früh durch öffentliche Stellungnahmen und eine eigens gegründete Stiftung. Den Boom des tibetischen Buddhismus in Hollywood förderten dann aber gleich zwei Filme aus der Traumfabrik, die sich 1997 zum großen Ärger Chinas dem Geschehen auf dem Dach der Welt widmeten. Eine Drehgenehmigung für Tibet bekamen beide Produktionsgesellschaften selbstverständlich nicht. Zuerst lebte Brad Pitt als Heinrich Harrer «Sieben Jahre in Tibet». In diesem hauptsächlich in den Anden gedrehten Film von Jean Jacques Annaud spielt mit Jetsun Pema (als ihre eigene «Filmmutter») sogar ein leibhaftiges Mitglied der Yapshi-Familie mit. Dann zeigte Regisseur Martin Scorsese vor der Kulisse Marokkos seine Version von Auffindung und Jugend des «Kundün» bis zur Flucht. Der Dalai Lama selbst sah das Drehbuch mehrmals durch. *Mein Fazit: Im großen und ganzen ist die Geschichte richtig. Gewisse Elemente gehören bei einem Hollywood-Werk wohl einfach dazu. Das ist so auch okay.*[186] Mit Paul Newman, Ethan Hawke, Goldie Hawn, Oliver Stone, George Lucas und Bernardo Bertolucci, der mit «Little Buddha» (1993) die Reihe der populären Buddhismusfilme eingeleitet hatte, um einige zu nennen, rechnen sich weitere Filmschaffende zu den Unterstützern des Dalai Lamas.

Muss man sich den Dalai Lama deshalb als einen im Name-Dropping geübten, spirituellen Jetsetter mit einem Adressbuch voller Telefonnummern von Freunden aus dem internationalen Showbiz vorstellen? Wohl kaum. «Sie brauchen Seine Heiligkeit nicht nach Steven Spielberg oder Sharon Stone zu fragen», so sein Privatsekretär Tenzin Geyche Tethong in einem Interview, «er hat sie zwar getroffen, aber die Namen sagen ihm nichts mehr.»[187] Verwunderlich ist dies kaum, wenn man bedenkt, dass er bei seinen weltweiten Auslandsreisen manchmal bis zu 42 Termine pro Tag absolviert: Audienzen, Abendessen, Einweihungen, Empfänge, Fototermine, Interviews und Vorträge; Händeschütteln mit Gruppen, Privatpersonen, Religionsvertretern und Politikern. Organisiert werden all diese Termine von seinem Büro, und diesem ist denn wahrscheinlich im Zweifelsfall auch mehr als ihm selbst anzulasten, wenn im Rahmen des von ihm koordinierten Public-Relation-Programms einige dieser Kontakte nicht unbedingt dem entsprechen, was man von einem

Der Dalai Lama zu Besuch bei Papst Johannes Paul II. im Vatikan, Oktober 1999

Publikumsmagnet Dalai Lama: Etwa 40 000 Menschen kommen im Jahr 2000 in Washington zusammen, um seine Lehre zu hören.

religiösen Oberhaupt erwarten würde. Denn zuweilen scheint es, als fehle es dem Beraterstab des Dalai Lamas ein wenig an Erfahrung oder es mangele an Zeit, potenzielle Gesprächspartner, Unterstützer und zu unterstützende Projekte zu prüfen. Man scheint der Devise zu folgen: Viel hilft viel. Das kann dazu führen, dass der Dalai Lama, sobald die richtigen Schlagwörter fallen («Tibet», «Buddhismus»), seine Unterschrift unter die Vorworte unzähliger Bücher setzt, die er weder alle gelesen haben kann, noch können sie unmöglich alle seinen eigentlichen Ansprüchen genügen. So entsteht der Eindruck, dass er vergleichsweise leicht vor einen Karren zu spannen ist: Wenn die Etiketten stimmen und sympathische Ziele («Weltfrieden», «Umweltschutz», «Interreligiöser Dialog») versprechen, erklärt er sich gern bereit, Schirmherr oder Ehrenmitglied zu werden. Beispielsweise wurde er Ehrenmitglied des «Club of Budapest» und befindet sich hier in guter Gesellschaft mit prominenten Persönlichkeiten wie Michail Gorbatschow oder der früheren Bundestagspräsidentin Rita Süssmuth. Dass bei dieser Institution die Grenzen zwischen dem Anspruch wohlgemeinter Weltverbesserung und diffusen, aber harmlosen New-Age-Zielen, etwa der Förderung eines «planetarischen Bewusstseins», fließend verlaufen, scheint nicht nur ihn wenig zu stören. Dass er sein Konterfei, gut bezahlt, für die «Think-Different»-Werbekampagne der Computerfirma Apple hergab, irritierte hingegen nicht wenige Exilanten, und so trat er von diesem Vertrag wieder zurück. Und dann wäre da noch ein ganz besonderes Interview: Zwar steht der Dalai Lama damit in einer illustren Reihe von Persönlichkeiten, aber die Ansprüche an John Lennon, Bill Gates, Jimmy Carter oder Yassir Arafat sind eben anders als an diesen tibetischen Mönch, und ein «Playboy»-Interview[188] des zölibatären Religionsführers hätte man nicht unbedingt erwartet. Es bleibt die Frage, ob dies die Art von PR ist, die er, die Tibet braucht.

Noch zweischneidiger erweist sich seine prinzipielle Freundlichkeit und Unvoreingenommenheit anderen Religionen und Sekten gegenüber, zumindest im Rückblick. Unabhängig davon, wie harmlos der Inhalt der Gespräche gewesen sein mag, wundert man sich als Außenstehender heute doch über Fotos, die den Dalai Lama mit dem Japaner Shoko Asahara zeigen. Ende der 1980er will ebendieser im Himalaja Erleuchtung erlangt haben, und es wurden ihm in dieser Zeit mehrere Male private Audienzen beim Dalai Lama in Dharamsala gewährt, schließlich hatte Asahara Geld gespendet. Anhänger von Asaharas Sekte «Aum Shinrikyo» verübten 1995 einen Giftgasanschlag auf die Tokioter U-Bahn. Dabei starben zwölf Menschen, über fünftausend wurden verletzt. Asahara wurde 2004 der Anstiftung zu diesem Verbrechen schuldig gesprochen und zum Tod verurteilt.

Kritik, wenn auch leise, kommt zuweilen auch aus den tibetischen Reihen. Sie betrifft aber zumeist die Exilregierung als Ganzes, kaum den Dalai Lama persönlich. «Die Exilregierung schlägt aus den westlichen Klischees Kapital, verhindert eine Entmythologisierung, eine kritische Auseinandersetzung mit der eigenen Geschichte»[189], kritisiert etwa Jamyang Norbu, der ehemals im Tibetischen Jugendkongress engagierte Kodirektor des tibetischen Kulturinstituts Amnye Machen. Ebenso problematisch ist es, dass zwar «hundert Prozent unserer Tibeter Seine Heiligkeit als Helden verehren, jedoch nur rund zehn Prozent auf

Der Dalai Lama auf einer Pressekonferenz in Dharamsala am 16. März 2008

das hören, was er sagt»[190], wie der jüngste Bruder Tendzin Chögyal anmerkt. Dass die tibetische Exilgemeinschaft an ihrer Kritikfähigkeit noch arbeiten muss, mahnt auch Phuntsog Wangyal an, ein in London lebender Tibeter, der zeitweise Abgeordneter der Nationalversammlung war: «Wenn die Leute freiheraus reden, werden sie sofort aus der Gemeinschaft ausgegrenzt, und zwar in [des Dalai Lamas] Namen. Und das Risiko geht niemand ein.»[191]

Was die Zukunft bringt

Innerhalb und außerhalb Tibets wächst die nächste Generation von Tulkus heran: Der aktuelle Karmapa XVII., höchste spirituelle Autorität der Karma-Kagyü-Schule, wurde 1986 geboren, der heutige Panchen Lama Gendün Chökyi Nyima XI. und sein Gegen-Panchen Gyaltsen Norbu wurden 1995 gefunden. Dazu gesellt sich der jüngste Reting Rinpoche VII., dessen Auffindung nur zwei Tage nach der Flucht des Karmapa aus seinem Kloster Tsurphu Ende Dezember 1999 bekannt gegeben wurde.

Seit es 1998 die traditionelle Praxis zur Auffindung von Tulkus offiziell wiederbelebte, hat China in den ersten drei Jahren acht neue Tulkus öffentlich anerkannt.[192] Wenn man die Religiosität schon nicht auslöschen kann, will man sie wohl wenigstens steuern. Dazu beruft man sich in China wieder einmal auf die Geschichte: Dass Machthaber Chinas sich in religiöse Angelegenheiten Tibets einmischten, geschah erstmals zur Zeit des Qianlong-Kaisers (regierte 1736–1795), als dessen legitime Nachfolger sich die kommunistischen «Roten Kaiser» präsentieren. Ob die Einmischung areligiöser Parteikader die fundamentale Bedeutung der spirituellen Aspekte bei der Auffindung von Tulkus aushöhlt, wird man wohl allein an der Akzeptanz dieser

Die Flucht des Karmapa

Auch der gegenwärtige Karmapa XVII., Urgyen Trinle Dorje, ein Tulku der ältesten, bis ins 12. Jahrhundert zurückreichenden Inkarnationslinie und Oberhaupt der Karma-Kagyü-Schule, floh am 28. Dezember 1999 als damals Vierzehnjähriger aus seinem tibetischen Kloster Tsurphu über den Himalaja, zunächst zum Dalai Lama nach Dharamsala. Zwar wurde er als erster Tulku sowohl von China als auch vom Dalai Lama als echte Inkarnation anerkannt, doch gibt es innerhalb seiner Schule eine Fraktion um den hochrangigen Shamar Rinpoche, die einen Mönch namens Thaye Dorje für den echten Karmapa hält. Politische Ambitionen hat Urgyen Trinle nicht, vielmehr beschränkt er sich, dem Wunsch des Dalai Lamas folgend, darauf, «dass ich die buddhistischen Lehren und die spirituellen, kulturellen Traditionen Tibets verbreite und damit der Menschheit und dem Weltfrieden einen Dienst erweise».

Der Dalai Lama mit dem damaligen Bundesaußenminister Joschka Fischer in Berlin, Mai 2003

Tulkus in der gläubigen Bevölkerung messen können. Für alle Tibeter nachvollziehbar verläuft die Auffindungspraxis schließlich auch außerhalb des kommunistischen Tibets nicht immer. So fragte die exiltibetische Zeitung «Mangtso» 1995 angesichts ungewöhnlicher Inkarnationen wie der des Thubten Yeshe, der als Kind spanischer Eltern reinkarnierte: «Wie kann es möglich sein, dass dies tibetischer Buddhismus ist?»[193] Ebenfalls etwas verblüffend kam die Anerkennung des aus Martial-Arts-Filmen bekannten Actionstars und Aikido-Meisters Steven Seagal. Dem damaligen Mittvierziger bestätigte das ebenfalls im Exil lebende Oberhaupt der Nyingmapa-Tradition, Penor Rinpoche, im Jahr 1997, er sei Tulku des Mönchs Chungdrag Dorje. Auch gefälschte Anerkennungsschreiben, die angeblich der Dalai Lama ausgestellt haben soll, sind vereinzelt aufgetaucht.[194] Grund zur Aufregung ist all dies für den Dalai Lama jedoch kaum, denn zur Überprüfung der Echtheit von Tulkus, gleich wo sie gefunden werden, gibt es einige einfache Hinweise: *Der eigentliche Zweck einer freiwilligen Reinkarnation ist, daß sie zu etwas Gutem führt. Ohne ein solches gutes Ergebnis ist sie zweifelhaft.*[195]

Wichtiger als Fragen nach der Authentizität des jeweiligen Tulkus, die sich so gesehen von selbst erweisen wird, scheint jedoch die Frage, was China dadurch gewinnt, wenn es sich an solchen religiösen Praktiken beteiligt. Denkt man an die Auffindung des zweithöchsten tibetischen Lamas, des Panchen Lamas, entsteht der Eindruck, es könne sich um einen Testlauf handeln: Was wird die chinesische Regierung daran hindern, dereinst im eigenen Land einen ihren Vorstellungen entsprechenden fünfzehnten Dalai Lama zu finden und zu inthronisieren? Da mag der vierzehnte Amtsinhaber beharrlich äußern, seine Reinkarnation werde definitiv in einem freien Land stattfinden. Wenn sie denn stattfindet: *Vielleicht bin ich der letzte Dalai Lama.*[196] Zeichnet sich schon jetzt ein Propagandakrieg um ein noch gar nicht geborenes Kind ab?

Im Fall des wiedergekehrten Panchen Lama hätte die Anerkennung beinahe in tibetischem und chinesischem Einvernehmen geschehen können. Am 14. Mai 1995 hatte der Dalai Lama im Haupttempel Dharamsalas unter Gebeten für dessen langes Leben offiziell Gendün Chökyi Nyima als neuen Panchen Lama anerkannt. Lange hatte es gedauert, ihn zu finden. Bereits bald nach dem Tod des zehnten Panchen Lamas 1989 hatte man begonnen. Zu den Auswahlprozessen des Dalai Lamas gehörten zunächst das Sichten einer Liste (zumeist mit Fotos) von Kandidaten aus der Gegend um Dharamsala und Ladakh in Indien, aber auch aus Tibet.[197] 1991 erklärte er, der Junge sei in Tibet.

Dort suchten im Auftrag Chinas Mönche des Tashilhünpo-Klosters unter ihrem Abt Chatral Rinpoche ebenfalls nach dem kleinen Panchen Lama. China schien an einem möglichst «tibetischen» Ablauf interessiert gewesen zu sein – und damit auch an der Zustimmung des Dalai Lamas. Man gestattete daher dem als regierungstreu eingestuften Chatral Rinpoche, Gyalo Dhöndup in Beijing zu treffen und über diesen im Juli 1993 einen Brief an den Dalai Lama zu schicken. In diesem Schreiben schilderte Chatral den Stand der Suche, erläuterte etwa, dass bereits zwei heilige Seen (darunter auch der, in dem Reting Rinpoche einst

Hinweise auf den Dalai Lama sah) besucht worden seien, um Aufschluss über den jungen Panchen zu erhalten. Es gab in dieser Sache also durchaus Kontakt zwischen Tibet und Dharamsala, und beide Parteien bemühten sich tatsächlich nach Kräften, den richtigen Kandidaten zu identifizieren. Der Dalai Lama befragte – wie stets bei wichtigen Entscheidungen – das Staatsorakel und benutzte verschiedene andere traditionelle Methoden der Vorhersage, etwa Würfel und die Tsampa-Ball-Technik: Zettel mit den Namen der Kandidaten werden in kleine Bällchen aus «Tsampa» (Gerstenbrei) gesteckt. Unter Anrufungen soll sich der Ball mit dem Namen der wahren Inkarnation bewegen. Beide Methoden erbrachten dasselbe Ergebnis: *Ich dachte, «dieser ist es ganz sicher», und traf meine Entscheidung.*[198] Und kurz gab es tatsächlich Grund zu großer Freude: Der am 25. April 1989 geborene Gendün Chökyi Nyima ist auch der von Chatral Rinpoche respektive der chinesischen Regierung favorisierte Junge! Warum der Dalai Lama «unter großem Druck seitens der Lamas aus Tibet und Indien,

Der ältere Bruder des Dalai Lamas, Gyalo Dhöndup, Juli 2008

die ihn zu einer Entscheidung drängten»[199], so Gyalo Dhöndup, dann allerdings am 14. Mai 1995 noch vor den Chinesen öffentlich bekannt gab, Gendün Chökyi Nyima als neuen Panchen Lama anzuerkennen, ist nicht leicht zu verstehen. War es der Versuch einer Machtdemonstration in spirituellen Angelegenheiten? Denn dass er nicht zunächst insgeheim Zustimmung signalisierte und die Chinesen als Erste offiziell die Auffindung des Panchen Lamas verkünden ließ, muss für Außenstehende angesichts des weiteren Verlaufs der Geschichte verantwortungslos erscheinen. Wäre es nicht vielleicht klüger gewesen, zunächst die Anerkennung der chinesischen Regierung abzuwarten, damit dem wahren Panchen Lama sein Amt sicher sei? Schließlich befand sich der Sechsjährige im Machtbereich Chinas. Die Reaktion der Chinesen, als Gyalo Dhöndup sie telefonisch von der offiziellen Anerkennung Gendün Chökyi Nyimas durch den Dalai Lama in Kenntnis setzte, ist nicht gänzlich unvorhersehbar gewesen: «Sie schäumten vor Wut. Sie brüllten mich an, Seine Heiligkeit habe die chinesische Regierung nicht konsultiert und würde sich in die Politik einmischen.»[200] Als Reaktion wurde Chatral Rinpoche verhaftet und jahrelang ins Gefängnis geworfen, Gendün Chökyi Nyima an einen bis heute unbekannten Aufenthaltsort verschleppt und mittels eines Losverfahrens ein Junge aus kommunistischer Familie zum Panchen Lama gekürt. Das tibetische Volk scheint sich nicht recht mit diesem Ersatz anfreunden zu können, der zudem nicht in seinem Stammkloster Tashilhünpo, sondern in Beijing ausgebildet wurde, und so sieht man heute in Tibet vorwiegend Bilder des verstorbenen zehnten Panchen Lamas. Aber angesichts der Aussicht, dass der Panchen Lama dereinst eine wichtige Rolle bei der Suche nach einem neuen Dalai Lama spielen kann, wird China die mangelnde Begeisterung des Volkes verschmerzen können.

Dabei ist die Frage, wie die Nachfolge für Tendzin Gyatso geregelt werden wird, etwa ob es eine traditionsgemäße Suche nach dem nächsten Dalai Lama überhaupt geben wird, alles andere als geklärt. Und denken wir zurück an seine Jugend: Kaum vorstellbar scheint es heute, dass man nochmals ein Kind von klein auf so erzöge wie ihn. Wieder würde an die zwei Jahrzehnte ein

Regent, kein Dalai Lama herrschen. Der vierzehnte Dalai Lama selbst bringt daher eine Alternative ins Spiel: *Bis jetzt basierte die Auswahl auf der Reinkarnationstheorie. Ich denke, der Dalai Lama sollte auf Basis der Seniorität ausgewählt werden. Es gibt eine andere Möglichkeit: die Institution des Papstes. Nachdem der Papst verschieden ist, wird sein Nachfolger gewählt.*[201] Es ist unklar, ob die Tibeter dies akzeptieren würden. Sicher ist jedoch, dass nach dem Tod Tendzin Gyatsos schwere Zeiten auf die tibetische Sache zukommen, wenn die Nachfolgefrage nicht pragmatisch geregelt wird. Nicht nur weil sich die Chinesen einmischen könnten. «Wenn der Dalai Lama stirbt, wird es Chaos geben», prophezeite etwa Pema Lhundup vom Tibetischen Jugendkongress gegenüber einem Reporter von «Asiaweek» schon im Juli 2000. «Die angestaute Frustration gegen die chinesische Besetzung wird von Seiner Heiligkeit kaum in Schach gehalten. Sein Ableben könnte der Funke sein, der einen Aufstand entzündet.»[202] Viel nutzen wird er kaum, seit «Krieg gegen den Terror» weltweit befürwortet wird. Unter dieser Devise wird China jede separatistische Bewegung in Tibet im Keim ersticken. Verloren hätten wieder die Tibeter.

Ist es nicht pietätlos, so öffentlich über den Tod des Dalai Lamas und seine Folgen zu spekulieren? Nicht unbedingt, denn Tod ist im Buddhismus kein Tabu. *Als Buddhist glaube ich*, versichert Tendzin Gyatso, *daß das Erlebnis des Todes von größter Wichtigkeit ist. Gerade beim Sterben kann es nämlich zu den tiefsten und heilsamsten Erfahrungen kommen.*[203] Aber nicht nur der eigene, auch der Tod anderer Menschen kann solche Erfahrungen auslösen. Bereits der Buddha riet den frühen Mönchen gezielt zu Meditationen auf Leichenfeldern, um sich angesichts verwesender Körper in drastischer Weise der Vergänglichkeit allen Daseins bewusst zu werden. Auch Tendzin Gyatso setzt sich mit dem Sterben intensiv auseinander: *Als ich hörte, daß meine Mutter starb, das war eine richtige Erfahrung für mich. […] Ich sagte ihr ganz klar: «Wir alle müssen sterben, es gibt keinen Ort, an dem man sich verstecken kann. Nicht nur du, jeder muß diesen Weg gehen.» Unter religiös eingestellten Menschen kann man offen über solche Dinge sprechen. Bei anderen, auch wenn du weißt, daß er oder sie sterben wird,*

Der Dalai Lama betet in Nürnberg am 17. Mai 2008 in der «Straße der Menschenrechte».

mußt du immer noch so tun, als seien sie gesund. Also sagte ich meiner Mutter: «Du bist alt. Früher oder später mußt du sterben. In der letzten Minute ist die wichtigste Sache, daß du keinerlei Anhaftungen hast.» [204] Keine Anhaftungen an «mein» Leben, kein Klammern an «meine» Lieben soll man sich gestatten, ja überhaupt kein «ich» und «mein» denken, vielmehr gelassen und gleichmütig dem Tod entgegentreten. Akzeptierende, maßvolle Trauer sollen auch die Hinterbliebenen üben, denn übermäßige Trauer ist nur ein Zeichen egoistischen Hängens an dem, der uns verlassen hat. Dem Dalai Lama selbst scheint dieses Loslassen nur einmal ein wenig schwerer gefallen zu sein. Als 1981 nach seiner Mutter auch Lobsang Jinpa, genannt Ponpo, der «Boss», starb, der ihn als persönlicher Koch vom ersten Tag im Potala bis ins Exil nach Dharamsala begleitet hat, weinte der Dalai Lama: *Die meisten Säugetiere halten das Wesen, das sie ernährt, für das wichtigste in ihrem Leben. Genauso ging es mir mit Ponpo. Ich wusste, dass meine Lehrer wichtiger waren als mein Koch, aber gefühlsmäßig war ich ihm am engsten verbunden. Er war meine Mutter, mein Vater, meine ganze Familie. Als meine Mutter starb, war ich traurig, aber ich weinte nicht. Aber als Ponpo starb und ich auf seinen toten Körper hinunterblickte, da musste ich weinen.*[205]

Mit seinem eigenen Tod geht er gelassener um, mal scherzhaft – *Ich verrate Ihnen ein Geheimnis: Ich esse so viel Honig, daß die Gefahr besteht, daß der 14. Dalai Lama als Biene wiedergeboren wird*[206] –, mal einfach nur pragmatisch: *Da ich ihm ohnehin nicht entrinnen kann, sehe ich keinen Grund, mir Sorgen darüber zu machen. Für mich ist der Tod so wie das Wechseln der Kleider, wenn sie alt und zerschlissen sind.*[207] Ganz so einfach ist die Angelegenheit natürlich nicht. Die Auseinandersetzung mit dem Tod ist elementarer Bestandteil seiner spirituellen Praxis. Wenn er stirbt, wird er nach der buddhistischen Lehre wie jeder Mensch zunächst einen Zustand jenseits des Todes, aber vor der nächsten Wiedergeburt erreichen. Schrittweise verfallen Körper, Empfindungen, Wahrnehmungen, Willensimpulse und Bewusstsein, und mit ihnen schwindet die irdische Wirklichkeit. 49 Tage währt der Zustand, in dem das Bewusstsein unterschiedlichste Lichterscheinungen, friedvolle und zornige Gottheiten wahrnimmt. Wenn das Bewusstsein sich an die Anweisungen hält, die ihm in dieser Zeit Mönche vorlesen (oder die es zu Lebzeiten geübt hat), kann es Befreiung des eigenen Geistes erlangen.[208] *Was mich selbst angeht, bin ich noch nicht sicher, ob ich im Augenblick des Todes all die Übungen wirklich anwende, mit denen ich mich vorbereitet habe. Niemand kann mir das garantieren! Trotzdem empfinde ich manchmal, wenn ich an den Tod denke, fast so etwas wie Aufregung.* Sorge hat er nur, was nach seinem Tod aus Tibet werden wird. *Ansonsten habe ich sehr wenig Angst vor dem Tod. […] In meiner täglichen Gebetspraxis visualisiere ich acht verschiedene Gottheiten und acht verschiedene Tode.*[209]

Doch noch fühlt er sich weit davon entfernt zu sterben, auch wenn er im Sommer 2008 wegen diffuser Bauchschmerzen und Erschöpfung einige Reisen absagen musste. Seine Träume deuten darauf hin, dass er hundertdreizehn Jahre alt werden wird – *Ich weiß, das ist völlig unwissenschaftlich*[210] –, und so hält er zumindest neunzig für realistisch. Unklar aber ist, wie lange er noch für Tibet auf Welttournee wird gehen können. Es wäre also an der Zeit, sich intensiv über die Zukunft Gedanken zu machen. Gyalo Dhöndup, seit langem interessiert an einem Kompromiss, der eine Rückkehr des Dalai Lamas und der Exilanten nach Tibet noch in diesem Leben möglich macht, mahnt zur Eile: «Wir müssen etwas Solides erreichen, bevor Seine Heiligkeit stirbt. Gelingt uns das nicht, dann werden wir bald genauso hybrid sein wie schon heute Hunderte und Tausende von Tibetern südlich des Himalaya. Halb Inder und halb Tibeter.» Als einer der wenigen sich öffentlich äußernden Exiltibeter scheint er auch die Dringlichkeit zu sehen, um der Tibeter in Tibet willen zurückzukehren und zu helfen, deren Lebensstandard und Bildung zu verbessern. «Aber wenn ich solche Sachen sage, beschuldigt man mich, pro-chinesisch zu sein.»[211] Auch der älteste der Brüder, Thubten Jigme Norbu, sieht die große Gefahr, dass man sich im Exil zu behaglich einrichte, seine Schlussfolgerungen sind aber diametral entgegengesetzt: «Wenn wir mit den Chinesen reden, dann nur von gleich zu gleich und nicht unter Bedingungen, die China diktiert. [...] Wir Tibeter dürfen keinen Zentimeter nachgeben, wenn wir unsere Unabhängigkeit wiederhaben wollen.»[212]

Zwischen diesen Polen nährt der Dalai Lama eine Hoffnung, die ebenfalls auf den Faktor Zeit setzt: *Das derzeitige totalitäre System [Chinas] kann sich nicht mehr lange halten [...], entweder bricht das Ganze zusammen, oder es wandelt sich. Ich hoffe auf den Wandel, denn da entsteht nicht so viel Chaos. Wenn es in diesem riesigen Land Auseinandersetzungen gäbe, wäre das Blutvergießen ungeheuer.*[213] Aber freiwillig wird kein wie auch immer sich wandelndes China irgendein Gebiet in die Unabhängigkeit entlassen. Und angesichts einer über gemeinsame Wirtschaftsinteressen vermittelten Annäherung Indiens und Chinas müssen die Tibeter im Exil zudem besorgt sein, ihren Gastgebern unbequem zu werden, sollten sie weiter weltweit die Werbetrommel für ihre politischen Ziele rühren.

Vielleicht ist eine Lösung in diesem Leben doch möglich, denn immer wieder gibt es Gerüchte über Geheimverhandlungen, die einen Besuch des Dalai Lamas in Tibet vorbereiten sollen. Zwar erhalten alle Staaten, die dem Dalai Lama die Einreise erlauben, eine eisige Abmahnung, zwar frieren die diplomatischen Beziehungen beinahe völlig ein, wenn hochrangige Politiker, wie zuletzt auch Kanzlerin Angela Merkel 2007, ihn empfangen. Doch die Verstimmungen sind stets temporär, hin und wieder reagiert man sogar verhalten offen. Auf der anderen Seite erweckt China immer wieder den Anschein, gesprächsbereit zu sein. Folglich muss das «Juwel der Weisheit», der «Kostbare Sieger», «die sanfte Pracht, die Weisheit, der Herr der Sprache, das edle Herz, der Ozean der Weisheit», Seine Heiligkeit der vierzehnte Dalai Lama wohl noch ein wenig länger im Dienst seines Volkes verbleiben. Sein persönliches Resümee hat er bereits gezogen: *Wenn ich mich*

Bundeskanzlerin Angela Merkel mit dem Dalai Lama bei einem nichtoffiziellen Treffen in Berlin am 23. September 2007

selbst betrachte, bin ich nicht der beste von den vierzehn Dalai Lamas. Aber ich bin ebenso wenig der schlechteste. Vielleicht wäre es schön, auf dieser Ebene aufzuhören.[214] Ein Leben nach eigenen Vorstellungen will er sich jedoch erst gönnen, wenn die Zukunft Tibets klar ist: *Wenn Tibet frei ist, dann habe ich mein politisches Lebensziel erreicht. Und was weiter? Dann, dann setze ich meine dicke Sonnenbrille auf und nehme meinen Bergstock und gehe ins Gebirge.*[215]

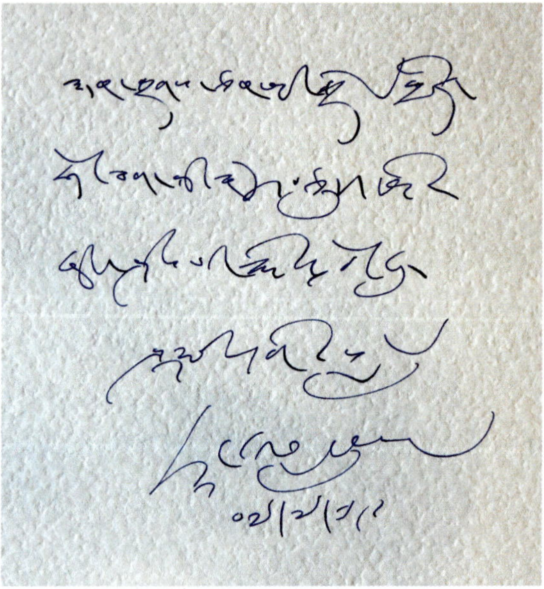

Eintrag des Dalai Lama ins Goldene Buch der Stadt Hamburg am 19. Juli 2007: «Dieser berühmten Stadt Hamburg und ihren Menschen wünsche ich alles Gute und Glück. Der Dalai Lama»

Anmerkungen

1 Dalai Lama XIII.: Path of the Bodhisattva warrior. With a Life of the thirteenth Dalai Lama by Glenn H. Mullin, compiled and translated by Glenn H. Mullin. Ithaca 1988, S. 111
2 Zitiert in Michael C. Van Walt van Praag: The Status of Tibet. Boulder 1987, S. 31
3 Dalai Lama XIV.: Mein Leben und mein Volk. München 1962, S. 16
4 Zur ausführlichen Darstellung der Umstände des Todes des Dalai Lamas XIII. siehe Melvyn C. Goldstein: A History of Modern Tibet 1913–51. The Demise of the Lamaist State. Berkeley, Los Angeles, London 1989, S. 139 ff.
5 Dalai Lama XIV.: Die Vorträge in Harvard. Grafing 1991, S. 49
6 Dalai Lama XIV.: Das Auge einer neuen Achtsamkeit, Traditionen und Wege des tibetischen Buddhismus. München 1987, S. 42 f.
7 John Avedon: Ein Interview mit dem Dalai Lama. München 1982, S. 20
8 Ebd., S. 60
9 Dalai Lama XIV.: Mein Leben und mein Volk, op. cit., S. 36
10 «Chenrezig» ist die tibetische Wiedergabe des im Sanskrit «Avalokiteshvara» genannten Bodhisattvas.
11 Dalai Lama XIV.: Das Auge einer neuen Achtsamkeit, op. cit., S. 43
12 Erwin Koller: Erwarten Sie keine Wunder von mir. Zürich 1999, S. 17 f.
13 Avedon: Ein Interview mit dem Dalai Lama, op. cit., S. 20 f.
14 Dalai Lama XIII., op. cit., S. 112
15 Dies nur als Richtgröße, über die exakte Zahl der Tibeter herrschen unterschiedliche Angaben.
16 Dalai Lama XIV.: Mein Leben und mein Volk, op. cit., S. 15
17 Vgl. Goldstein, op. cit., S. 315
18 Die Schreibweise des Namens ist nicht einheitlich, so findet sich auch Ke 'u tshang, Kewtsang oder Kyi tsang.
19 Vgl. Matthias Hermanns: Mythologie der Tibeter. Magie, Religion, Mysterien. o. O. 1955, S. 122, akt. Ausgabe Essen 1997. Das ist jedoch die nachträgliche Auslegung, so Hermanns. Bell berichtet, in Bezug auf Ka und Ma gab es keine bestimmte Meinung. Vgl. Charles Bell: Portrait of a Dalai Lama. The Life and Times of the Great Thirteenth. London 1946, S. 397
20 Dalai Lama XIV.: Mein Leben und mein Volk, op. cit., S. 15
21 Mit Mädchennamen Sönam Tsomo
22 Dalai Lama XIV.: Mein Leben und mein Volk, op. cit., S. 18
23 Diki Tsering: Mein Sohn der Dalai Lama. München 2001, S. 114
24 Ebd., S. 136
25 Dalai Lama XIV.: Mein Leben und mein Volk, op. cit., S. 19
26 Ebd., S. 18
27 Thubten Jigme Norbu: Tibet, verlorene Heimat. Wien, Berlin, Frankfurt a. M. 1960, S. 137
28 Dalai Lama XIV.: Mein Leben und mein Volk, op. cit., S. 20
29 Thubten Jigme Norbu, op. cit., S. 138 f.
30 Goldstein, op. cit., S. 21
31 Zur Gesellschaftsstruktur des alten Tibet, zu Landgütern und der Sklaverei siehe Goldstein, op. cit., S. 3 ff.
32 Dalai Lama XIV.: Mein Leben und mein Volk, op. cit., S. 22
33 Zitiert in Mary Craig: Kundun. Der Dalai Lama und seine Familie. Bergisch Gladbach 1998, S. 97
34 Hermanns, op. cit., S. 125
35 Nach Hermanns entstanden alle Mystifizierungen, welche durch Bell, der wiederum Gould (Basil Gould: Report on the Discovery, Recognition and Installation of the Fourteenth Dalai Lama. New

Delhi 1941) folgt, bekannt wurden, erst nachträglich in Lhasa. Später hieß es, er verfüge über zwei der erforderlichen Merkmale, die großen Ohren und die Tigerhaut.
36 Diki Tsering, op. cit., S. 115
37 Dalai Lama XIV.: Mein Leben und mein Volk, op. cit., S. 22 f.
38 Ebd., S. 23
39 Ebd., S. 28
40 Ebd., S. 29
41 Vgl. Glenn Mullin: The Essence of Refined Gold. Ithaca 1985, S. 244
42 Lobsang Chökyi Gyaltsen ist also der erste Panchen Lama, da er aber bereits ein Tulku mit drei Vorgängern war, ist er nach manchen Zählweisen der vierte Panchen Lama. Siehe Giuseppe Tucci: The Religions of Tibet. Berkeley 1988, S. 42
43 Der Buddhismus entwickelte im Lauf der Zeit die Vorstellung, außer dem historischen Buddha Shakyamuni gebe es noch eine Vielzahl anderer Buddhas in einer Vielzahl anderer Welten und Zeiten. Buddha Amitabha ist der Buddha «Grenzenloses Licht», herrscht über das Paradies Sukhavati und wird oft von Chenrezig begleitet.
44 Dalai Lama XIV.: Mein Leben und mein Volk, op. cit., S. 56
45 Vgl. Inder L. Malik: Dalai Lamas of Tibet. New Delhi 1984, S. 24 ff.
46 Dalai Lama XIV.: Mein Leben und mein Volk, op. cit., S. 38
47 Dalai Lama VI., Tshangs-dbyangs rgya mtsho: Liebeslieder des VI. Dalai Lama. Aus dem Tibetischen übers., mit Anm. von Dieter Back. Freiburg i. Br. 1986, S. 129
48 Vgl. Tsepon W. D. Shakabpa: Tibet: A Political History. New Haven 1967, S. 133
49 Michael Harris Goodman: The Last Dalai Lama. Boston 1986, S. 337
50 Vgl. Glenn Mullin: Songs of Spiritual Change. New York 1982, S. 19 f.
51 Thubten Jigme Norbu; Colin Turnbull: Geheimnisvolles Tibet. Der Bruder des Dalai Lama erzählt von einer versunkenen Welt. Freiburg i. Br. 2000, S. 311
52 Dalai Lama XIV.: Mein Leben und mein Volk, op. cit., S. 56
53 Dalai Lama XIV.: Tibet, China, and the world. A compilation of interviews. Dharamsala 1989, S. 2 f.
54 Dalai Lama XIV.: Mein Leben und mein Volk, op. cit., S. 50
55 Zitiert in Heinrich Harrer: My Life in Forbidden Lhasa. In: National Geographic Magazine Vol. CVIII, No. 1, Juli 1955, S. 36
56 Dalai Lama XIV.: Mein Leben und mein Volk, op. cit., S. 40
57 Zitiert in Martin Brauen: Peter Aufschnaiter. Sein Leben in Tibet. Innsbruck 1983, S. 76
58 Dalai Lama XIV.: Mein Leben und mein Volk, op. cit., S. 38
59 Ebd., S. 34
60 Zitiert in Craig, op. cit., S. 92
61 Dalai Lama XIV.: Mein Leben und mein Volk, op. cit., S. 37
62 Vgl. Alastair Lamb: History of Imperial Diplomacy. Tibet, China and India 1914–1950. Hertingfordbury 1989, S. 302
63 Vgl. Goldstein, op. cit., S. 370 ff.
64 Diki Tsering, op. cit., S. 162
65 Vgl. Goldstein, op. cit., S. 25
66 Diki Tsering, op. cit., S. 163
67 Dalai Lama XIV.: Mein Leben und mein Volk, op. cit., S. 29
68 Zitiert in Goodman, op. cit., S. 112
69 Dalai Lama XIV.: Mein Leben und mein Volk, op. cit., S. 42
70 Dalai Lama XIII., op. cit., S. 111 f.
71 Zitiert in Van Walt van Praag, op. cit., S. 89
72 Dalai Lama XIV.: Mein Leben und mein Volk, op. cit., S. 64
73 Interview mit Heinrich Harrer im Spiegel, 3. November 1997
74 Dalai Lama XIV.: Mein Leben und mein Volk, op. cit., S. 46
75 Ebd., S. 63

76 Ebd., S. 65
77 Nach seiner tibetischen Zählweise ist er sechzehn, weil er im sechzehnten Lebensjahr steht.
78 Mao Tse-tung: On the Policies of Our Work in Tibet. In: Selected Works. Vol. 5. Beijing 1977, S. 74
79 Goldstein, op. cit., S. 764
80 Zitiert in Goodman, op. cit., S. 169
81 Veröffentlicht von der chinesischen Presseagentur Xinhua, dokumentiert in den British Foreign Office files, FO 371 / 92 998
82 Dalai Lama XIV.: Mein Leben und mein Volk, op. cit., S. 51
83 Ebd., S. 51
84 Ebd., S. 52
85 Ebd., S. 80
86 Ebd., S. 88
87 Ebd., S. 88
88 Ebd., S. 89
89 Bruno Zoratto: Tibet in Flammen. Berlin 1996, S. 44
90 Dalai Lama XIV.: Ausgewählte Texte. München 1987, S. 199
91 Koller, op. cit., S. 29
92 Interview im Stern, 5. Mai 1977
93 International Herald Tribune, 22. August 1976
94 Dalai Lama XIV.: Mein Leben und mein Volk, op. cit., S. 91
95 Koller, op. cit., S. 28
96 Dalai Lama XIV.: Ausgewählte Texte, op. cit., S. 208
97 Dalai Lama XIV.: In die Herzen ein Feuer. München 1995, S. 133
98 Dalai Lama XIV.: Mein Leben und mein Volk, op. cit., S. 107
99 Dalai Lama XIV.: Ausgewählte Texte, op. cit., S. 241
100 Dalai Lama XIV.: Mein Leben und mein Volk, op. cit., S. 118
101 Ebd., S. 41
102 Ebd., S. 45
103 Diese Tradition ist im Westen meist unter ihrem japanischen Namen «Zen» bekannt, was chinesisch «Chan» entspricht und auf den Sanskritbegriff «Dhyana», «Meditation», zurückgeht.
104 Dalai Lama XIV.: Das Auge einer neuen Achtsamkeit, op. cit., S. 128
105 Dalai Lama XIV.: Der Weg zur Freiheit. Zentrale tibetisch-buddhistische Lehren. München 2000, S. 26
106 Dalai Lama XIV.: In die Herzen ein Feuer, op. cit., S. 156. Nicht alle stimmen ihm zu, so gibt es auch in seiner Tradition der Gelugpa Fundamentalisten, etwa die Anhänger der Gottheit Shugden, die die eigene Tradition über die anderen Schulen gestellt wissen wollen.
107 Avedon: Ein Interview mit dem Dalai Lama, op. cit., S. 36
108 Dalai Lama XIV.: Tibet, China, and the world, op. cit., S. 2. Parallele in John Avedon: Ein Interview mit dem Dalai Lama, op. cit., S. 21
109 Dalai Lama XIV.: Die Lehren des tibetischen Buddhismus, op. cit., S. 56
110 Ebd., S. 173
111 Warren W. Smith: Tibetan Nation. A History of Tibetan Nationalism and Sino-Tibetan Relations. Boulder 1996, S. 443
112 Dalai Lama XIV.: Mein Leben und mein Volk, op. cit., S. 127
113 Ebd., S. 130
114 Zitiert in Craig, op. cit., S. 307
115 Zitiert in Dalai Lama XIV.: Mein Leben und mein Volk, op. cit., S. 147
116 Ebd., S. 251
117 Vgl. Jamyang Norbu: The Tibetan Resistance Movement and the Role of the CIA. In: Robert Barnett; Shirin Akiner (Hg.): Resistance and Reform in Tibet. London 1994, S. 189
118 Dalai Lama XIV.: Mein Leben und mein Volk, op. cit., S. 170
119 Margret Causemann: Volksliteratur Tibetischer Nomaden. Lieder und Erzählungen. Wiesbaden 1993, S. 107
120 Zitiert in Noel Barber: Die Flucht des Dalai Lama. München 1961, S. 18

121 Dalai Lama XIV.: Das Buch der Freiheit. Die Autobiographie des Friedensnobelpreisträgers. Bergisch Gladbach 1992, S. 215
122 Zitiert in Barber, op. cit., S. 140 f.
123 Ebd., S. 150
124 Zitiert in John Avedon: In Exile from the Land of Snows. London 1979, S. 71
125 Zitiert in Barber, op. cit., S. 141 ff.
126 Vgl. den Bericht der International Commission of Jurists: The question of Tibet and the rule of law. Genf 1959
127 Dalai Lama XIV.: Mein Leben und mein Volk, op. cit., S. 175
128 Dalai Lama XIV.: Das Buch der Freiheit, op. cit., S. 234
129 Ebd., S. 281
130 Ebd., S. 282
131 Ebd., S. 283
132 Der Spiegel, 21. Februar 1972
133 Dalai Lama XIV.: Das Buch der Freiheit, op. cit., S. 237
134 Zitiert in Craig, op. cit., S. 512
135 Dalai Lama XIV.: Mit dem Herzen denken. München 1997, S. 189
136 Dalai Lama XIV.: In die Herzen ein Feuer, op. cit., S. 159
137 Dalai Lama XIV.: Ausgewählte Texte, op. cit., S. 192 f.
138 Zitiert in Sidney Piburn: A Policy of Kindness. Ithaca 1990, S. 48
139 Koller, op. cit., S. 16
140 Dalai Lama XIV.: Das Buch der Freiheit, op. cit., S. 305
141 Ebd., S. 303
142 Zitiert in Craig, op. cit., S. 368
143 Ebd., S. 373
144 Zitiert in Petra Kelly; Gerd Bastian: Tibet klagt an. Wuppertal 1990, S. 195
145 Vgl. Christopher I. Beckwith: The Tibetan Empire in Central Asia: A History of the Struggle for Great Power among Tibetans, Turks, Arabs, and Chinese during the Early Middle Ages. Princeton, New Jersey 1987, S. 199
146 Zitiert in Barber, op. cit., S. 151
147 Zitiert in Goodman, op. cit., S. 327
148 Koller, op. cit., S. 43
149 Zitiert in Claude Levenson: Die Vision des Dalai Lama. Zürich 1991, S. 63
150 Dalai Lama XIV.: Mein Leben und mein Volk, op. cit., S. 186
151 Zitiert in Goodman, op. cit., S. 327
152 Interview in Newsweek, 14. März 1983
153 Die Welt, 22. Februar 1985
154 Stern, 23. Juli 1987
155 New York Times, 17. November 1998
156 Zitiert in Petra Kelly; Gerd Bastian: Tibet, ein vergewaltigtes Land. Berichte vom Dach der Welt. Reinbek 1988, S. 232
157 Jamyang Norbu: Illusion and Reality. Essays on the Tibetan and Chinese Political Scene from 1978–1989. Dharamsala 1989, S. 89
158 Dagmar Bernstorff; Hubertus von Welck: Tibet im Exil. Baden-Baden 2002, S. 102
159 Zitiert in Piburn, op. cit., S. 25
160 Dalai Lama XIV.: Mein Leben und mein Volk, op. cit., S. 307
161 Interview mit Kelsang Gyaltsen in: Der Spiegel, 20. Dezember 2003
162 Dalai Lama XIV.: Der Weg zur Freiheit, op. cit., S. 66
163 Dalai Lama XIV.: Mit dem Herzen denken, op. cit., S. 168
164 Avedon: Ein Interview mit dem Dalai Lama, op. cit., S. 18
165 Auf Deutsch 1987 als «Das Auge einer neuen Achtsamkeit» erschienen
166 Auszüge aus «Ratschläge des Herzens» wurden als Serie in der Bild abgedruckt, etwa: Bild, 21. Juli 2003
167 Dalai Lama XIV.: Die Freude, friedvoll zu leben und zu sterben. München 1998, S. 7

168 Dalai Lama XIV.: Ethics for the New Millenium. New York 1999, S. xiii
169 Michael von Brück: Denn wir sind Menschen voller Hoffnung. München 1988, S. 172
170 Dalai Lama XIV.: Das Buch der Freiheit, op. cit., S. 299
171 Dalai Lama XIV.: Die Lehren des tibetischen Buddhismus, op. cit., S. 155
172 Dalai Lama XIV.: Der Mensch der Zukunft, meine Vision. München 1997, S. 132
173 Ebd., S. 134
174 Dalai Lama XIV.: Die Lehren des tibetischen Buddhismus, op. cit., S. 153
175 Dalai Lama XIV.: In die Herzen ein Feuer, op. cit., S. 158
176 Dalai Lama XIV.: Das Buch der Freiheit, op. cit., S. 299
177 Avedon: Ein Interview mit dem Dalai Lama, op. cit., S. 54
178 Bernstorff; von Welck, op. cit., S. 107
179 Dalai Lama XIV.: Das Buch der Freiheit, op. cit., S. 299
180 Dalai Lama XIV.: Frieden im Herzen und in der Welt, op. cit., S. 155
181 Ebd., S. 181
182 Etwa die ehemaligen Dalai-Lama-Sympathisanten Victor und Victoria Trimondi (Herbert und Mariana Röttgen) in: Der Schatten des Dalai Lama. Düsseldorf 2002
183 Zitiert in Craig, op. cit., S. 492, S. 496
184 Chinadaily, 26. April 2001
185 Bernstorff; von Welck, op. cit., S. 101
186 Focus, 26. Oktober 1998
187 Ebd.
188 Deutsche Ausgabe des Playboy, März 1998
189 Der Spiegel, 13. April 1998
190 Zitiert in Craig, op. cit., S. 514
191 Ebd., S. 514
192 Chinadaily, 25. Mai 2001
193 Mangtso, 31. Mai 1995
194 Sheja, September 1998
195 Avedon: Ein Interview mit dem Dalai Lama, op. cit., S. 62
196 Dalai Lama XIV.: Tibet, China, and the world, op. cit., S. 4
197 Vgl. Kevin Garratt: Biography by Installment. In P. Ch. Klieger: Tibet, Self, and the Tibetan Diaspora. Leiden 2002, S. 79
198 Ebd., S. 80
199 Zitiert in Craig, op. cit., S. 501
200 Ebd., S. 501
201 Dalai Lama XIV.: Tibet, China, and the world, op. cit., S. 5
202 Asiaweek, 20. Oktober 2000, Vol. 26
203 Dalai Lama XIV.: Das Buch der Freiheit, op. cit., S. 304
204 Zitiert in Avedon: In Exile from the Land of Snows, op. cit., S. 175
205 Zitiert in Craig, op. cit., S. 460
206 Focus, 26. Oktober 1998
207 Dalai Lama XIV.: Das Buch der Freiheit, op. cit., S. 304
208 Sterberituale sind im Lehrsystem des Bardo Thödol, dem «Befreien durch Hören im Zwischenzustand», im Westen bekannt als «Tibetisches Totenbuch», zusammengefasst.
209 Dalai Lama XIV.: Mit dem Herzen denken, op. cit., S. 40 f.
210 Zitiert in Craig, op. cit., S. 515
211 Ebd., S. 497
212 Ebd., S. 505
213 Ebd., S. 515
214 Dalai Lama XIV.: Yoga des Geistes. Die Vereinbarkeit von abhängigem Entstehen und Leerheit. Hamburg 1989, S. 84
215 Luise Rinser (Hg.): Mitgefühl als Weg zum Frieden. Meine Gespräche mit dem Dalai Lama. München 1995, S. 91

Zeittafel

617–649 König Songtsen Gampo heiratet eine chinesische und eine nepalesische Prinzessin, die den Buddhismus nach Tibet bringen.

755–797 König Trisong Detsen lädt den buddhistischen Meister Padmasambhava aus Indien ein. Erste Verbreitung des Buddhismus und Gründung der Nyingmapa-Schule («Schule der Alten»).

821 Friedensvertrag zwischen Tibet und China. Bis Anfang des 13. Jahrhunderts herrschen in Tibet lokale Fürsten und Klöster.

838–842 Während der Herrschaft Langdarmas wird der Buddhismus radikal verfolgt und kommt in weiten Teilen Tibets zum Erliegen.

1043 Der indische Gelehrte Atisha begründet in Tibet die Kadampa-Tradition («Mündliche Unterweisung»). Zweite Verbreitung des Buddhismus.

1073 Gründung des Klosters Sakya («Graue Erde») und der nichtzölibatären Tradition der Sakyapa. Im 13. und 14. Jahrhundert politisch einflussreiche Schule.

11. Jh. Marpa bringt aus Indien die Lehren des Naropa nach Tibet, begründet die Tradition der Kagyüpa («Mündliche Übertragungslinie»). Sein Schüler ist der populäre Asket Milarepa.

1244 Sakya Pandita, Oberhaupt der Sakya-Schule, wird vom mongolischen Khan Göden zum Vizekönig Zentraltibets ernannt.

1260 Chögyal Phagpa, Neffe Sakya Panditas, wird vom Mongolenherrscher Kublai Khan zum Vizekönig Zentraltibets ernannt.

1357–1419 Lebenszeit des Tsongkhapa. Aus der von ihm reformierten Kadampa-Tradition entsteht die Schule der Gelugpa («Schule der Tugendhaften»), der auch die Dalai Lamas angehören.

1391–1474 1. Dalai Lama Gedün Drub, Gründer und oberster Abt des Tashilhünpo-Klosters, das später Sitz der Panchen Lamas wird. Der Titel wurde postum verliehen.

1434–1534 Tibetische Fürstenfamilien der zentralen Provinzen Ü und Tsang führen 100 Jahre lang Krieg.

1475–1542 Zweiter Dalai Lama Gedün Gyatso. Oberster Abt des Drepung-Klosters bei Lhasa. Der Titel wurde postum verliehen.

1543–1588 Dritter Dalai Lama Sönam Gyatso. Der Mongole Altan Khan verleiht Sönam Gyatso 1578 den Titel «Tale», «Ozean».

1589–1617 Vierter Dalai Lama Yönten Gyatso. Einziger Nichttibeter unter den Dalai Lamas. Urenkel von Altan Khan.

1617–1682 Fünfter Dalai Lama Lobsang Gyatso. Verleiht seinem Lehrer den Titel Panchen Lama, lässt den Potala bauen, vereint als Erster weltliche und geistliche Macht auf das Amt der Dalai Lamas.

1624 Die Jesuitenpatres Antonio de Andrade und Marquez besuchen als erste Europäer Tibet.

1642 Der Mongole Gushri Khan setzt den König von Tsang ab und übergibt dem Dalai Lama V. die unbeschränkte Macht.

1683–1706 Der sechste Dalai Lama Tsangyang Gyatso lebt als Laie im Potala, wird abgesetzt und verschleppt.

1685–1725 (?) Yeshe Gyatso wird 1706 als angeblich wahrer fünfter Dalai Lama eingesetzt, vom Volk aber nicht anerkannt.

1708–1757 Siebter Dalai Lama Kelsang Gyatso. Um 1720 beansprucht der chinesische

Qianlong-Kaiser die Oberherrschaft über Tibet.

1758–1804 Achter Dalai Lama Jampel Gyatso.

1805–1815 Neunter Dalai Lama Lungtog Gyatso.

1816–1837 Zehnter Dalai Lama Tsültrim Gyatso.

1838–1855 Elfter Dalai Lama Khädrup Gyatso.

1856–1875 Zwölfter Dalai Lama Trinle Gyatso.

1876–1933 Dreizehnter Dalai Lama Thubten Gyatso. Der britische Offizier Francis Younghusband marschiert 1903 von Britisch-Indien aus in Tibet ein, um Handelsvereinbarungen zu erzwingen. 1911 wird die chinesische Qin-Dynastie gestürzt, 1912 die chinesische Republik ausgerufen. Am 13. Februar 1913 erklärt der Dalai Lama XIII. Tibet offiziell für von China unabhängig. 1914 findet in Shimla eine Dreierkonferenz zwischen Tibet, China und Indien über den zukünftigen Status Tibets statt. Sie scheitert.

1919 Geburt von Tsering Dölma (1919–1964), erster Tochter von Dekyi und Chökyong Tsering, Eltern des künftigen Dalai Lamas XIV.

1922 Geburt von Thubten Jigme Norbu, ältester Bruder des Dalai Lamas XIV.

1928 Geburt von Gyalo Dhöndup, Bruder des Dalai Lamas XIV.

1933 Geburt von Lobsang Samten (1933–1985), Bruder des Dalai Lamas XIV.

1935 Im Sommer 1935 beginnt der Regent Reting Rinpoche nach Zeichen Ausschau zu halten, die auf den Ort der Wiederkunft des Dalai Lamas hinweisen. Dieser wird am 6. Juli in einem Dorf der Provinz Amdo geboren und zunächst Lhamo Dhöndup genannt.

1936 Vier Suchdelegationen werden ausgesandt.

1937 Eine der Delegationen reist auf Rat des Panchen Lamas zum Kloster Kumbum in Amdo. In einem nahen Dorf finden sie Lhamo Dhöndup. Prüfungen zeigen, dass er der neue Dalai Lama ist.

1938 Lhamo Dhöndup wird ins Kloster Kumbum gebracht.

1939 Am 21. Juli bricht die Karawane mit dem Anwärter auf die Dalai-Lama-Würde aus Kumbum auf, am 23. August wird er offiziell als neuer Dalai Lama XIV. anerkannt.

1940 Der neue Dalai Lama erhält den Namen Tendzin Gyatso und wird am 22. Februar in Lhasa inthronisiert. Geburt der Schwester Jetsun Pema.

1941 Der Regent Reting Rinpoche dankt zugunsten Taktras ab.

1944 Reting versucht, die Regentschaft zurückzugewinnen.

1946 Die Österreicher Peter Aufschnaiter und Heinrich Harrer erreichen am 15. Januar nach ihrer Flucht aus einem britischen Internierungslager in Indien Lhasa. Geburt des Bruders Tendzin Chögyal.

1947 Nach dem tibetischen Neujahrsfest stirbt der Vater des Dalai Lamas an einer Kolik. Am 17. April wird Reting wegen Verstrickung in ein Bombenattentat auf Taktra verhaftet und am 8. Mai tot in seiner Zelle gefunden. Dem Dalai Lama werden Besuche bei seiner Familie verboten, der Familie werden Audienzen gewährt. Indien wird vom 14. auf den 15. August unabhängig.

1949 Mao Tse-tung ruft am 1. Oktober die Volksrepublik China aus. Die Volksbefreiungsarmee marschiert in den von Tibetern bewohnten chinesischen Grenzprovinzen ein.

1950 Am 23. Juni beginnt der

Koreakrieg. Einmarsch der Chinesen in Amdo und Kham am 7. Oktober. Am 17. Oktober übernimmt der Dalai Lama vorzeitig die Regentschaft. Am 7. November schickt er eine Eingabe an die UNO, die am 24. November ablehnt, sich mit dem Konflikt zwischen Tibet und China zu befassen. Eine zweite Eingabe an die UNO erfolgt am 8. Dezember. Erste Flucht des Dalai Lamas am 18. Dezember nach Yatung.

1951 Das am 23. Mai von einer tibetischen Gesandtschaft in Beijing unterzeichnete «17-Punkte-Abkommen» verspricht den Tibetern kulturelle und politische Autonomie unter chinesischer Oberherrschaft. Am 9. September marschieren chinesische Truppen friedlich in Lhasa ein.

1954 Indien und die VR China unterzeichnen am 29. April den Vertrag der «Fünf Prinzipien friedlicher Koexistenz». Der Dalai Lama bereist China und trifft Mao. Revolten in Osttibet, die «Freiwillige Nationale Verteidigungsarmee» Tibets entsteht.

1955 Ein von China initiiertes vorbereitendes Komitee für die «Autonome Region Tibet» mit dem Dalai Lama als Vorsitzendem, dem Panchen Lama und General Zhang Guohua tritt zusammen.

1956 Der Dalai Lama nimmt an den Feierlichkeiten zum 2500sten Geburtstag des Buddhas teil. Er trifft am 10. Dezember in Indien ein und bittet um Asyl. Nehru drängt ihn zur Rückkehr. Mao verspricht, in Tibet keine Reformen zu erzwingen.

1959 Der Dalai Lama legt am 1. März die Prüfung zum Doktor der Metaphysik ab. Eine zweifelhafte Einladung von chinesischer Seite lässt das Volk fürchten, er solle entführt werden. Vom 10. März an demonstrieren Tausende in Lhasa gegen die chinesischen Besatzer. In der Nacht des 17. März flieht der Dalai Lama Richtung Indien. In Lhasa beschießen chinesische Truppen den Norbulingka, es kommt zu Volksaufständen, ab dem 19. März nehmen auch die tibetischen Truppen daran teil. Am 23. März hat China die Situation unter Kontrolle und setzt eine Militärregierung unter dem Panchen Lama ein. Am 18. April erreicht der Dalai Lama das indische Tezpur. Er verbringt das erste Jahr in Mussoorie. Zehntausende Tibeter fliehen nach Indien.

1959–1962 Im «Großen Sprung nach vorn» sterben bei Hungersnöten in ganz China zwischen 20 und 30 Millionen Menschen.

1960 Der Dalai Lama zieht nach Dharamsala, bis heute Sitz der Exilregierung.

1962 Am 20. Oktober marschieren chinesische Truppen in indischen Teilen des Himalaja ein. Der Dalai Lama veröffentlicht seine erste Autobiographie (*Mein Leben und mein Volk*).

1963 Der Dalai Lama verkündet am 10. März einen demokratischen Verfassungsentwurf für Tibet, der seine Absetzung als Staatsoberhaupt möglich macht.

1965 Am 9. September richtet China offiziell die «Autonome Region Tibet» ein.

1966–1976 Während der Kulturrevolution werden die meisten tibetischen Klöster zerstört, die Religionsausübung wird verboten.

1967 Erste Auslandsreisen vom Exil aus: Der Dalai Lama besucht Japan und Thailand.

1971 China wird anstelle Taiwans Mitglied der Vereinten Nationen.

1972 US-Präsident Richard Nixon besucht China.

1973 Europareise des Dalai Lamas.

1976 Mit dem Tod Maos endet die Kulturrevolution. Die VR China gibt frühere Fehler im Umgang mit Tibet zu.

1979 China bietet dem Dalai Lama an zurückzukehren, mit Wohnort Beijing, nicht Lhasa. Drei Delegationen von Exiltibetern sollen sich in diesem und dem folgenden Jahr ein Bild von der Lage in Tibet machen. Erste USA-Reise des Dalai Lamas.

1980 China ändert seine Tibet-Politik. Der von den Zuständen entsetzte Parteisekretär Hu Yaobang erlaubt privaten Handel, freie Religionsausübung, zieht einige chinesische Kader ab.

1983 Der Dalai Lama schickt Delegationen nach Beijing. Die Verhandlungen enden ergebnislos.

1987 Der Dalai Lama schlägt am 27. September einen «5-Punkte-Friedensplan» vor dem US-Kongress vor. Daraufhin finden in Lhasa Unabhängigkeitsdemonstrationen statt. Am 1. Oktober eröffnet die Polizei das Feuer auf tibetische Demonstranten.

1988 In der «Deklaration von Straßburg» schlägt der Dalai Lama als Lösung der Tibet-Frage am 15. Juni vor, dass China die tibetische Außen- und Verteidigungspolitik kontrollieren, im Gegenzug den Tibetern volle innere Autonomie gewähren soll.

1989 Demonstrationen zu Beginn des Jahres führen zum Verhängen des Kriegsrechts am 7. März in Lhasa. 200 Menschen sterben, Tausende werden verhaftet. Nach dem Tod Hu Yaobangs kommt es in China zu Trauerkundgebungen, die sich zu Demonstrationen ausweiten. Auf dem Tiananmen-Platz in Beijing walzen Panzer am 3. und 4. Juni friedliche Demonstranten nieder. Am 5. Oktober wird dem Dalai Lama der Friedensnobelpreis verliehen.

1990 Aufhebung des Kriegszustands in Tibet am 1. Mai.

1993–2002 Keine Versuche der Kontaktaufnahme zwischen China und Dharamsala. Der Dalai Lama veröffentlicht 1993 eine zweite Autobiographie (*Das Buch der Freiheit*).

1995 Der in Tibet aufgefundene, vom Dalai Lama als neuer Panchen Lama anerkannte Gendün Chökyi Nyima wird verschleppt und von China durch einen Gegen-Panchen-Lama ersetzt.

1999 Am 28. Dezember flieht der siebzehnte Karmapa aus Tibet nach Indien. Der Dalai Lama propagiert eine «globale Ethik» und «universale Verantwortung», veröffentlicht sein erstes selbstverfasstes Buch seit 1993: *Ethics for the New Millennium.*

Seit 2002 Gespräche von Exiltibetern mit der chinesischen Führung in Beijing, bislang ergebnislos.

2007 Bundeskanzlerin Angela Merkel empfängt den Dalai Lama «privat», aber im Kanzleramt. China warnt vor Schäden im deutsch-chinesischen Verhältnis, das Verhältnis ist temporär frostig.

2008 Wie 1989 protestieren am 10. März, dem Jahrestag des Volksaufstands von 1959, Tibeter, vor allem Mönche, gegen die chinesischen Machthaber. China reagiert hart, es gibt Tote und Verletzte. China bezichtigt den Dalai Lama, Anstifter zu sein, was dieser von sich weist. Er fordert ein Ende der Gewalt und äußert sich gegen einen Boykott der Olympischen Spiele in Beijing. Tibetisch-chinesische Delegiertentreffen bleiben ohne Ergebnis.

Zeugnisse

Heinrich Harrer, Bergsteiger

Wie bemerkenswert, dachte ich, Lachen, Geist und einen unwiderstehlichen Durst nach Wissen in einem Jungen zu finden, der ohne Spielkameraden aufwuchs, umgeben von Mönchen, abgeschieden in einem düsteren Ort. Obwohl ein Gottkönig, hatte er weniger persönliche Beachtung gefunden als ein armes Bauernkind.

Ludger Lütkehaus, Literaturwissenschaftler

Der gegenwärtige Dalai Lama ist eine höchst eindrucksvolle Gestalt. Wer ihm begegnet, wird nicht nur mit ihm und der Sache seines unterdrückten Volkes sympathisieren – er kann auch ein in der bisherigen Götter- und Menschengeschichte ziemlich rares Exempel beobachten: wie der Gottkönig, welcher der Dalai Lama zweifellos nach wie vor für die meisten Tibeter ist, sich vermenschlicht, «humanisiert», gewissermaßen «auf die Erde niederkommt, wo wir Mensehen sind», ohne dazu von einer Palastrevolution oder Aufklärungsbewegung gezwungen zu sein. Ein Gottkönig, begabt mit Witz und Selbstironie – wann hätte es das je gegeben?

Roger Hicks, Biograph

Er hat eine Schwäche für naturgeschichtliche Sendungen und Action-Filme, besonders Kriegsfilme. [...] Zu allem Überfluß ist er auch noch ein Meisterschütze [...] und besitzt eine starke Luftpistole zum Scheibenschießen. Einmal befand sich ein Wespennest draußen vor seinem Eßzimmer, und er beobachtete mehrfach, wie eine Hornisse in dieses Nest einfiel und die Larven tötete. [...] Als die Hornisse angeflogen kam, wartete er, bis sie sich niedergelassen und eine Larve ausgegraben hatte. Dann erschoß er sie mit bewundernswerter Präzision, ein Beschützer der Schutzlosen.

Jacob K. Javits, Senator in New York

Seine Heiligkeit ist ein fabelhafter Mann und ein treuer Patriot; wir alle haben den Eindruck gewonnen, dass er ein Symbol der Freiheit ist.

Claude B. Levenson, Biographin

Leise, kaum vernehmbar, erklingt ein Ton und setzt sich, von gewaltiger Kraft getragen, fort. Wäre da nicht dieser Mönch, aufrecht, eine aus der aufmerksam dasitzenden Menge hervorbrechende Säule, diese anhebende und anschwellende Stimme, die lauter wird und all ihre reichhaltigen Modulationen entfaltet [...] – diese Stimme könnte aus der Erde selbst dringen [...]. Die Zeit ist aufgehoben: diese kontrollierte Kraft, die andere Welten, alle Welten heraufbeschwört, sie erschafft von neuem den Ursprung, das Erwachen oder die Erleuchtung, und im subtilen Spiel der unsichtbaren, aber wahrnehmbaren Bindungen gibt es nur noch eine Stimme, tief und wohltönend, die auf den Ruf dieser unüberschaubaren Menge, deren Herzen im Einklang schlagen, antwortet: die Stimme des Dalai Lama.

Ulrich Wickert, Moderator

Heute wird zu Recht beklagt, daß die tibetische Kultur von den Chinesen unterdrückt wird. Darüber sollte man nicht vergessen, daß die tibetische Kultur aus einer Religion hervorgeht, die noch sehr viel brutaler war und die Menschen in Tibet wie in der schlimmsten Diktatur unterdrückte. Deshalb verbietet sich jede unkritische Gefühlsduselei für den Dalai Lama und die tibetischen Mönche.

Luise Rinser, Schriftstellerin
Noch ehe sich eine Seitentür öffnet, spüre ich die Nähe des Dalai Lama. Er ist eine zugleich vitale wie mental-spirituelle Potenz, die ihre Strahlung vorausschickt. Seine Erscheinung, schon bekannt: ein einfacher buddhistischer Mönch ohne irgendein Rang-Abzeichen. Am Handgelenk zwei Reihen bunter Holzperlen.

Sharon Stone, Schauspielerin
Der härteste Arbeiter in Sachen Spiritualität ... Mr. Please, Please, Please let me back into China!

Richard Gere, Schauspieler
Er fordert uns auf, in jedem Augenblick achtsam und präsent zu sein, unsere Einstellungen, Handlungen und Motivationen stets wachsam zu kontrollieren sowie zu untersuchen, wie unser Geist arbeitet und welche Möglichkeiten sich uns bieten, positive Veränderungen in uns selbst herbeizuführen. Das ist keine leichte Aufgabe!

Ma Lateefa
Ich möchte Sie fragen, was ist Ihr Heilmittel für die Menschen von heute? Wie Sie wissen, steckt die Menschheit in einer tiefen Krise. Nun, was ist Ihre Meinung dazu? Was genau ist Ihre Meinung dazu? Ich bin nun seit drei Tagen hier und folge Ihnen, beobachte Sie, stelle Ihnen Fragen, und alles, was Sie sagen, ist: «Ich weiß nicht.» Und manchmal sagen Sie etwas und sprechen über Geist und Spiritualität und all das, aber was genau ist Ihre Botschaft für die Menschen von heute? Sonst muß ich Sie «Dalai Lama, His Phoniness» (Seine Scheinheiligkeit) nennen.

The Information Office of China's State Council (2004)
Es ist zu hoffen, dass der Dalai Lama der Realität ins Auge blickt, die Situation richtig beurteilt, sein Einstehen für «tibetische Unabhängigkeit» aufgibt und etwas Förderliches zum Vorankommen Chinas und der Region Tibets in den ihm verbleibenden Jahren beiträgt.

Bibliographie

1. Allgemeine Bibliographien und Kataloge zu Tibet

Die Institution «Dalai Lama» und mit ihr das Leben Tendzin Gyatsos kann nicht getrennt von dem allgemeineren kulturellen, religiösen und historischen Bezugsrahmen Tibet betrachtet werden. Zur weiterführenden Recherche empfiehlt sich:

Aschoff, Jürgen C.: Bibliographie deutschsprachiger Bücher über Tibet, Nepal und den Kulturraum des Himalaja (bis 1990). Dietikon 1992

Lindegger, Peter; Küng, Rosemarie: Sachkatalog der Sekundärliteratur am Tibet-Institut Rikon / Zürich. Rikon 1989

2. Schriften von und mit dem Dalai Lama

Die Zahl der Publikationen unter dem Namen «Dalai Lama» vermehrt sich explosionsartig. Dabei ist nicht immer sofort ersichtlich, welche Bücher er selbst konzipiert hat, welche auf Dialoge zurückgehen – wobei der jeweilige Beitrag der Dialogpartner ein sehr beträchtlicher sein kann – und welche Bücher Mitschriften von öffentlichen Unterweisungen darstellen. Andere Publikationen können Zusammenstellungen seiner bereits anderweitig geäußerten Weisheiten oder Zweitveröffentlichungen unter neuem Titel sein. Die folgenden Titel stellen nur eine Auswahl dar.

a) Autobiographien

My Land and my People (mit David Howarth). London 1962 – Dt.: Mein Leben und mein Volk. München, Zürich 1962

Freedom in Exile. London 1990 – Dt.: Das Buch der Freiheit. Die Autobiographie des Friedensnobelpreisträgers. Bergisch Gladbach 1992

b) Spezifisch buddhistische Literatur

Blo gsar mig 'byed. Dharamsala 1963 – Dt.: Das Auge einer neuen Achtsamkeit. Traditionen und Wege des tibetischen Buddhismus. München 1987

Kalacakra Tantra. Rite of Initiation. London 1985 – Dt.: Kalachakra-Tantra. Berlin 2002

Dalai Lama at Harvard. Lectures on the Buddhist Path to Peace. Ithaca 1989 – Dt.: Die Vorträge in Harvard. Grafing 1991. Auch erschienen als: Einführung in den Buddhismus. Die Harvard-Vorlesungen. Freiburg 1999

Yoga des Geistes. Die Vereinbarkeit von abhängigem Entstehen und Leerheit. Hamburg 1989

Path to Bliss. A Practical Guide to Stages of Meditation. Ithaca 1991 – Dt.: Der Stufenweg zu Klarheit, Güte und Weisheit. Eine Unterweisung auf der Basis der Schrift: Der angenehme Weg zur Erkenntnis aller Phänomene von Panchen Lama Lobsang Chökyi Gyaltsen. München 2000

The World of Tibetan Buddhism. Boston 1995 – Dt.: Die Lehren des tibetischen Buddhismus. Hamburg 1998

Avalokitesvara. Buddha des Mitgefühls. Ausführliche Unterweisungen über den «Stufenweg zur Erleuchtung» des 14. Dalai Lamas in Deutschland im Oktober 1998. Hamburg 1998

Four Noble Truths. Delhi 1998 – Dt.: Die Vier Edlen Wahrheiten. Frankfurt a. M. 2000
Yoga des Geistes. Hamburg 1999
The Stages of Meditation. Ithaca 2001 – Dt.: Die Essenz der Meditation. Praktische Erklärungen zum Herzstück buddhistischer Spiritualität. München 2002
Frieden im Herzen und in der Welt. Lebenspraktische Erläuterungen zur buddhistischen Weltsicht. München 2003

c) Im Dialog mit westlicher Naturwissenschaft

Andere Wirklichkeiten. Hg. von Rainer Kakuska. München 1984
Raum und Zeit. Ein Symposium. Mit Carl Friedrich von Weizsäcker. O. O., 1986
Gentle bridges. Conversations with the Dalai Lama on the Sciences of Mind. Hg. von Jeremy Hayward, Francisco J. Varela. Boston, London 1992 – Dt.: Gewagte Denkwege. München 1996
Sleeping, Dreaming and Dying. Dialogues between the Sciences and the Buddhist Tradition. Hg. von Francisco J. Varela. Boston 1997 – Dt.: Traum, Schlaf und Tod. München 2001
Destructive Emotions: A Scientific Dialogue with the Dalai Lama. Hg. von Daniel Gotemann. New York 2003 – Dt.: Dialog mit dem Dalai Lama. München 2003

d) Von und mit dem Dalai Lama XIV.: Ethik, Lebensführung, Dialoge, Zitatbücher

An Interview with the Dalai Lama. Hg. von John F. Avedon. New York 1980 – Dt.: Ein Interview mit dem Dalai Lama. München 1982
Ausgewählte Texte. Hg. von Hans Christian Meiser. München 1987. Auch unter dem Titel: Die Weisheit des Herzens. München 2002
The Bodhgaya interviews. Hg. von José Ignacio Cabezón. Ithaca 1988 – Dt.: Die Gespräche in Bodhgaya mit Seiner Heiligkeit dem Dalai Lama. Grafing 1989
Tibet, China, and the world. A compilation of interviews. Dharamsala 1989
Way to Freedom. Hg. von Donald S. Lopez. San Francisco 1994 – Dt.: Der Weg zur Freiheit. München 1996
Au-delà des dogmes. Paris 1994 – Dt.: In die Herzen ein Feuer. München 1995
The Power of Compassion. London 1995 – Dt.: Mit dem Herzen denken. München 1997
The Good Heart. Boston, London 1996 – Dt.: Das Herz aller Religionen ist Eins. Hamburg 1997
Dalai Lama's Little Book of Wisdom. London 1998 – Dt.: Kleines Buch der Weisheit. Freiburg 2003
Ethics for the New Millennium. New York 1999. Auch erschienen als: Ancient Wisdom, Modern World. Ethics for the New Millennium. London 1999
Das Buch der Menschlichkeit. Bergisch Gladbach 2000
Der Weg des Herzens. Gewaltlosigkeit und Dialog zwischen den Religionen. Mit Eugen Drewermann. Düsseldorf 2001
Der Friede beginnt in dir. Freiburg 2002
Die Klarheit des Geistes. Mit Torsten A. Hoffmann. Berlin 2003
Die Kraft der Menschlichkeit. Berlin 2003
Kultiviere einen klaren Geist. München 2003
Mitgefühl und Weisheit. Mit Felizitas Schönborn. Zürich 2004
Das Leben tiefer verstehen. Freiburg 2007

3. Die Dalai Lamas

Barraux, Roland: Histoire de Dalaï Lamas. Paris 1993 – Dt.: Die Geschichte der Dalai Lamas. Solothurn, Düsseldorf 1995

Bell, Charles: Portrait of a Dalai Lama. The Life and Times of the Great Thirteenth. London 1946

Dalai Lama XIII.: Path of the Bodhisattva warrior. The life and teachings of the Thirteenth Dalai Lama. Zusammengestellt und übersetzt von Glenn H. Mullin. Ithaca 1988

Golzio, Karl-Heinz: Die vierzehn Wiedergeburten des Dalai Lama. Die Herrscher Tibets, wie sie wiederkommen, wie sie gefunden werden, was sie hinterlassen haben. Bern 1997

Koch, Erwin Erasmus: Auf dem Dach der Welt. Tibet: Die Geschichte der Dalai-Lamas. Frankfurt a. M. 1960

Schulemann, Günther: Geschichte der Dalai-Lamas. Heidelberg 1911. Erweiterte Neuauflage Leipzig 1958

Thubten Samphel: The Dalai Lamas of Tibet. Neu-Delhi 2000

Verhaegen, Ardy: The Dalai Lamas. The Institution and its History. Neu-Delhi 2002

4. Dalai Lama XIV: Biographisches

Barber, Noel: The Flight of the Dalai Lama. London 1960 – Dt.: Die Flucht des Dalai Lama. München 1961

Borromée, Antoine: Le Dalaï Lama. Chef spirituel et chef d'Etat. Paris 1984 – Dt.: Der Dalai Lama. Weltliche und spirituelle Macht. München 1984

Chhaya, Mayank: Dalai Lama. Mönch, Mystiker, Mensch. Berlin 2008

Craig, Mary: Kundun. A Biography of the Family of the Dalai Lama. Oxford, New York 1997 – Dt.: Kundun. Der Dalai Lama und seine Familie. Bergisch Gladbach 1998

Department of Information and International Relations: His Holiness the 14th Dalai Lama of Tibet. Dharamsala 2000

Hicks, Roger W.: Great Ocean. An Authorized Biography of the Buddhist monk Tenzin Gyatso, His Holiness the Fourteenth Dalai Lama. London, New York 1990 – Dt.: Weiter Ozean. Der Dalai Lama. Essen 1985

Michel, Peter: His Holiness the XIV Dalai Lama. Those who light the way. Berkeley 2002

Piburn, Sidney (Hg.): A policy of kindness. Ithaca 1990 – Dt.: Eine Politik der Güte. Düsseldorf 2004

Stewart, Whitney: To the Lion Throne. The Story of the Fourteenth Dalai Lama. Ithaca 1990

5. Geschichte Tibets

Avedon, John F.: In Exile from the Land of Snows. London 1984

Barnett, Robert; Akiner, Shirin (Hg.): Resistance and Reform in Tibet. London 1994

Craig, Mary: Tears of Blood. A Cry for Tibet. Oxford, New York 1999 – Dt.: Tränen über Tibet. Bern, München 1995

Goldstein, Melvyn C.: A History of Modern Tibet 1913–51. The Demise of the Lamaist State. Berkeley, London 1989

–: The Snow Lion and the Dragon: China, Tibet, and the Dalai Lama. Berkeley, Los Angeles, London 1997

Kelly, Petra; Bastian, Gerd (Hg.): Tibet klagt an. Wuppertal 1990

McKay, Alex: The History of Tibet. London 2002

Petech, Luciano: Aristocracy and government in Tibet 1728–1959. Rom 1973

Richardson, Hugh: Tibet and Its

History. London 1962 – Dt.: Tibet. Geschichte und Schicksal. Frankfurt a. M. 1964
Shakabpa, W. D.: Tibet: A Political History. New Haven 1967
Shakya, Tsering: The Dragon in the Land of Snows. A History of Modern Tibet Since 1947. London 1999

6. Tibet allgemein

Forster-Latsch, Helmut; Renz, Paul Ludwig: Tibet. Land, Religion, Politik. Frankfurt a. M. 1999
Lauf, Detlef-Ingo: Das Erbe Tibets. Bern 1975
Snellgrove, David; Richardson, Hugh: A Cultural History of Tibet. Ithaca 1986
Stein, R. A.: Tibetan Civilization. Stanford 1972

7. Tibetischer Buddhismus

Bell, Charles: The Religion of Tibet. London 1931, Nachdruck Neu-Delhi 1987
International Association for Tibetan Studies: Religion and secular culture in Tibet. Tibetan studies II. Hg. von Henk Blezer, A. Zadoks. Leiden, Boston 2002
Goldstein, Melvyn C.; Kapstein, Mathew: Buddhism in Contemporary Tibet. Religious Revival and Cultural Identity. Berkeley 1998
Hoffmann, Helmut: Die Religionen Tibets. Bön und Lamaismus in ihrer geschichtlichen Entwicklung. Freiburg 1956
Söpa, Lhündup; Hopkins, Jeffrey: Der tibetische Buddhismus. Köln 1977
Tucci, Giuseppe: Die Religionen Tibets. In: G. Tucci; W. Heissig: Die Religionen Tibets und der Mongolei. Stuttgart 1970, S. 5–295

8. Sonstige Literatur

Brauen, Martin (Hg.): Traumwelt Tibet – Westliche Trugbilder. Ausstellungspublikation. Zürich 2000
Conboy, Kenneth J.; Morrison, James: The CIA's secret war in Tibet. Modern War Studies. Lawrence 2002
Dodin, Thierry; Räther, Heinz (Hg.): Mythos Tibet. Wahrnehmungen, Projektionen, Phantasien. Köln 1997
Harrer, Heinrich: Sieben Jahre in Tibet. Frankfurt a. M. 1966
Klieger, P. Christiaan: Tibet, Self, and the Tibetan Diaspora: Voices of Difference. Leiden, Boston, Köln 2002
Lopez, Donald S. Jr.: Prisoners of Shangri-La: Tibetan Buddhism and the West. Chicago 1998
Schell, Orville: Virtual Tibet: Searching for Shangri-La from the Himalayans to Hollywood. New York 2000
Thubten, Jigme Norbu; Turnbull, Colin: Geheimnisvolles Tibet. Der Bruder des Dalai Lama erzählt von einer versunkenen Welt. Freiburg 2000

9. Elektronische Medien

Politik, Geschichte und Kultur Tibets werden umfassend dargestellt auf den Seiten der tibetischen Exilregierung http://www.tibet.com und http://www.tibet.org. Hilfreich ist auch die Website des Tibet Information Network http://www.tibetinfo.net mit aktuellen Neuigkeiten. Nützliches Portal für weitere Recherche ist http://www.ciolek.com/WWWVL-TibetanStudies.html. Die chinesische Sichtweise findet sich etwa auf den Internetseiten der Nachrichtenagentur «Xinhua» (www.xinhuanet.com/english) oder

der Zeitung «Chinadaily» (www.chinadaily.com.cn)

10. Filme

a) Dokumentationen

A Buddhist Monk. The Dalai Lama of Tibet: Eleven Days in England. Wisdom Films, o. J.
Avalokitesvara: The Dalai Lama in Europe. Meridian Trust, 1982
The Dalai Lama: Green Tara Initiation. Wisdom Films, 1988
Compassion in Exile. Lemle Pictures Inc., Central Productions Ltd., 1992
10 Fragen an den Dalai Lama. Rick Ray, 2008
Dalai Lama Renaissance. Wakan Films, 2008

b) Spielfilme

Kundun, 1997
Sieben Jahre in Tibet, 1997

Namenregister

Die kursiv gesetzten Zahlen verweisen auf die Abbildungen.

Über die Autorin

Dr. Sabine Wienand (geb. Löhr) studierte Sprache und Kultur Indiens und Tibets mit dem Schwerpunkt Buddhismusforschung, zudem Philosophie und Literaturwissenschaft. In ihrer Promotion ging die 1974 geborene Buddhismuskundlerin Ansätzen einer ökologischen Ethik im Buddhismus nach. Zahlreiche Asienreisen führten sie auch nach Dharamsala und Lhasa, in die neue und alte Heimat des Dalai Lamas. Die Journalistin lebt nach einem längeren Aufenthalt in Shanghai heute in Frankfurt a. M. und schreibt für die «Frankfurter Allgemeine Sonntagszeitung».

Quellennachweis der Abbildungen

Picture-Alliance/dpa, Frankfurt a. M. : Umschlagvorderseite (epa Jeff Kowalsky), 36, 38 (Stanislav Mundil), 51 (UPI), 55 (UPI), 59 (AFP), 61 (Vyarawalla), 63 (Vyarawalla), 76 oben (UPI), 76 unten (UPI), 78 (London Express), 110 (Martin Athenstädt), 129 (Andreas Altwein), 131 (UPI/Landov), 134 (Marcus Führer), 138 (Maurizio Gambarini), Umschlagrückseite unten (Boris Roessler)
© Manuel Bauer/Agentur Focus, Hamburg: 1+3, 87
akg-images, Berlin: 6 (Gilles Mermet), 11 (Erich Lessing), 109, Umschlagrückseite oben
Süddeutsche Zeitung Photo, München: 9 (Scherl)
Associated Press, Frankfurt a. M.: 21
ullstein bild, Berlin: 25 (Ihlow), 31 (Granger Collection), 73 (TopFoto), 94 (Lineair), 111 (Reuters), 112 (Weber), 114 (AP), 127 (Reuters), 137 (ddp)
CORBIS, Düsseldorf: 27, 58 (beide @ Bettmann / CORBIS), 119 (@ Bojan Brecelj / CORBIS), 124 (© PIZZOLI ALBERTO / CORBIS SYGMA), 125 (@ Reuters / CORBIS)
Mit freundlicher Genehmigung der Confida Treuhand- und Revisions-Aktiengesellschaft: 44 (Nachlass Professor Heinrich Harrer; reproduziert aus: Franz Binder, Winfried Rhode: Tibet. Land und Kultur. München 2000)
Mit freundlicher Genehmigung des Tibet-Instituts Rikon, Schweiz: 89 (IWF Göttingen)
GEO, Rainer Droste: 97
Jay Ullal / stern / PICTURE PRESS: 103

Trotz sorgfältiger Recherchen konnten nicht alle Rechteinhaber ermittelt werden. Der Verlag ist bereit, berechtigte Ansprüche in üblicher Weise abzugelten.